30秒で子どもの未来は変わる！

勝手に才能が伸びる 風間式育成メソッド

風間八宏
北健一郎

はじめに

サッカー選手になるためには、どんなことをすればいいですか？

子どもがサッカーをしているという親から、よくこのような質問をされます。そのたびに、私はこう答えてきました。

「人の何十倍もボールを触ることです」

それを聞いた親は、ちょっと残念そうな顔をします。なんだ、根性論じゃないかと。練習量を多くすれば上手くなるなんて、当たり前じゃないかと。ただ、私は決して根性論を言っているつもりはありません。

まったく同じ量の練習をしていても、伸びる選手と伸びない選手がいます。その差は一体どこにあるのでしょうか――。私はこう考えます。伸びる選手は、自分がやりたいからやっている。伸びない選手は、誰かに言われたからやっている。

好きなことだったら、人は何時間でもずっとやり続けられます。はたから見れば努力と見えることでも、本人には努力しているなんて意識はまったくない。これは1つの才能と言ってもいいでしょう。私はそういう人間こそ、サッカー選手に向いていると思います。

私は子どもの頃から人の何十倍もボールに触ってきましたが、誰かにやれと強制されてやったことは1回もありません。ただ、サッカーが好きだったから、誰よりも上手くなりたかったから、〝勝手に〟やっていただけです。

そもそも、最初から自分が好きなものや、自分に向いているものがわかっている子どもはいません。だから、親は一緒に探してあげる。

その中で興味を持ったものを応援してあげる。そうしたスタンスで接するべきだと思います。

風間さんはどうやってチームを作っているのでしょうか？

練習を見学に来たサッカー指導者の方から、最も多く聞かれる質問です。私は決まってこう返しています。

「最初に変えるのは頭の中です」

ほとんどの指導者にとって、ピンと来ないようです。ただ、川崎フロンターレでも、名古屋グランパスでも、私が最初にやったのは選手たちの頭の中を変えることでした。自分がどうすればもっと上手くなれるか。そこと向き合うことが、すべての出発点になるからです。

私が最初にやるのがインサイドキックです。基本練習というイメージが強いので、「そんなことから始めるの？」という空気が漂います。プロですから、正確なインサイドキックぐらい蹴れて当然だと思うかもしれません。しかし、いざやってみるとミスをする選手が多発します。

そこで、インサイドでボールを蹴るためのポイントを実際に見せてあげる。自分が蹴っているボールとの軌道の違いに、選手たちは目を輝かせます。今まで何となく蹴っていたインサイドキックを、どうすれば正確にできるかを考えながら蹴るようになるのです。

小学生であろうが、プロであろうが、指導者の役割は、その選手が持っているポテンシャルを最大限に引き出してあげることだと私は考えています。頭の中を変えれば、その選手のサッカーへの取り組み方が変わってきます。

ただ、すぐに上手くいくとは限りません。勘のいい選手だったら、どんどん自分で上手くなっていきますが、そうじゃない選手もいる。でも、指導者は諦めずに、何回でもアプローチし続けなければいけません。私たちが関わっているのは、あくまでも人なのですから。

私は「トラウムトレーニング」というサッカースクールを監修して

います。そこで子どもたちにいつも話す言葉があります。

「サッカーを、やらされるな」

何よりも大事にしてほしいのは、自分がやりたい、サッカーは楽しいという気持ちです。最初はサッカーを好きでやっていたのに、親の期待に応えなきゃとか、指導者に言われたことをやらなきゃという気持ちが芽生え始める。そうなると〝自分のサッカー〟ではなくなってしまいます。

子どものプレーを見ていれば、その子がサッカーをやっているのか、やらされているのかはすぐにわかります。サッカーが楽しい、やりたいと思っている子は、新しいことにチャレンジしようと前向きで、どんどん伸びていきます。サッカーが楽しくない、やらされている子は、失敗することを怖れて、消極的になっていきます。

子どもは好きなものに出会ったら、こちらが何も言わなくても、どんどん自分で取り組むものです。自分からやるから面白いのであって、誰かにやらされても面白くはありません。

子どもというのは、大人が予想もつかないような発想や可能性を持っています。ピッチというのは、それを表現する場所です。サッカーは必ずどこかに動かなければいけないとか、どこにパスを出さなければいけないというルールはありません。基本的には自由なスポーツです。

ただ、本当の意味で自由にサッカーをするためには、頭の中にあるイメージを体現するための技術が必要です。技術というのは、すぐに身につくものではありません。だからこそ人の何十倍もボールに触る必要があります。ボールは蹴った分だけ、触った分だけ、自分の言うことを聞いてくれるようになる。そうなれば、サッカーはもっともっと楽しくなるはずです。

この本、「30秒で子どもの未来は変わる！　勝手に才能が伸びる風間式育成メソッド」では、共著者であるライターの北健一郎さんが親、指導者、子どもから集めた質問に私が答えていくという構成になっています。たくさんの質問をいただきましたが、その中から多くの人が抱えているであろう「真剣な悩み」をピックアップさせていただきました。

「独特過ぎる」「意味がわからない」と言われることも多い、そんな人間の言葉ですが、みなさんが今の状況を打破するための何かしらのヒントになれば幸いです。

風間八宏

目次

PART3 子どもの悩み 風間メソッド

PART 1

親の悩み

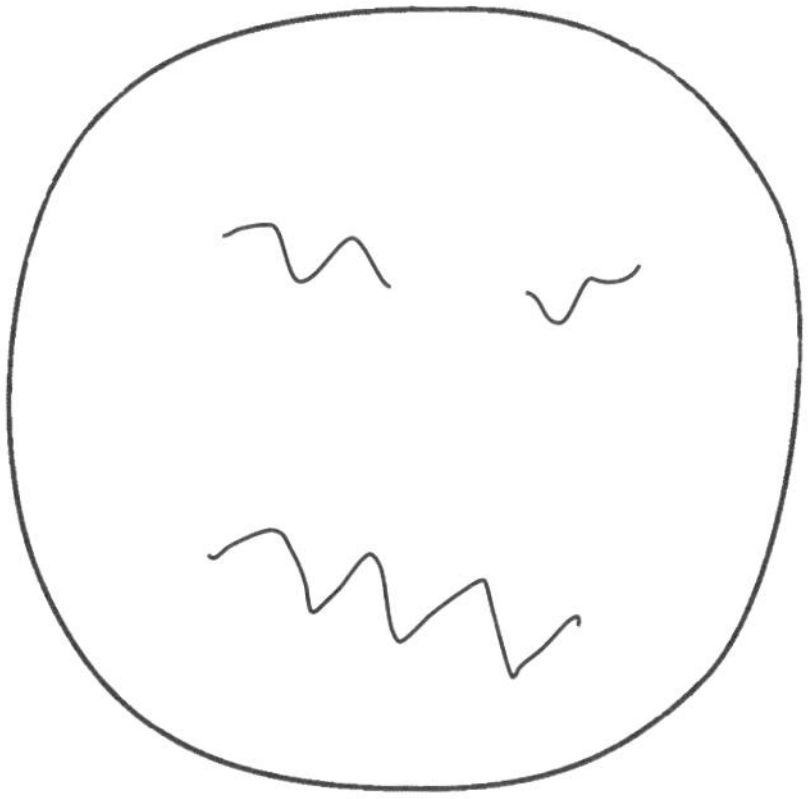

親の悩み　たとえば…

う～ん、
子どもになにか
してあげたくなるのが
親ごころ……
長い目で本当にためになるのは
どんなサポートなのだろう？

そんなとき**風間さん**なら…

そうですねえ、
まずは、
お子さんの立場になって
考えてみませんか？

風間メソッド01

親は先回りしてはいけない

質問者：子どものやる気を感じない親

親　風間さん、うちの子どもはサッカーをやってるんですけど、「上手くなりたい」と本当に思っているのかわからないんです。できるだけ声をかけてあげているんですが、何を言っても反応が薄いというか、やる気が見えてこないんです。子どものやる気を引き出すにはどうすればよいのでしょうか？

風間　とりあえず、親がやる気にならないことでしょうね。

親　親がやる気にならない……。どういうことですか？　子どものモチベーションを引き上げてあげるのも、親の重要な役割じゃないですか！

風間　そういう考え方を持っている人は多いですよね。子どものサッカーの試合を見に行くと、子どもよりも親のほうが熱中していて、誰がやってるのかわからないことさえある。

親　それは子どもが頑張っているのを応援したいと思っているからですよ！

風間　親がやる気になることは問題ありません。でも、親にやれと言われたから頑張るかというとそういうものではないですよね。子どもの立場になって考えてみてください。例えば、子どもが「お母さんが忙しそうだからお皿洗いを手伝おうかな」と思っていたとします。これは自発的な行動です。だけど、お母さんに「忙しいんだから皿洗いぐらいやってよ」と言われたらどうでしょうか？　子どもは「今やろうと思ってたのに」となりますよね。せっかく自分からやろうと思っていた行動でも、親から言われてやらされている行動になった時点で、やる気はなくなってしまうんです。

親　確かに、そうかもしれません。だけど、親は子どもが自分からやる気になるのを黙って見ていればいいのでしょうか？

風間　子どもというのは、自分が好きなことに対しては夢中で取り組むもの。そうですよね？　自分が気に入ったおもちゃがあれば、大人が「もう止めなさい」と言ってもずっと離さないじゃないですか。サッカーに夢中になれば、子どもは勝手に上手くなろうとしていく。親からすれば遠回りだと思うかもしれませんが、そうするのが結果的に一番の近道なんです。**親が何かを言うのではなく、子どもが何かを言ってくるまで待つこと。それが子どものモチベーションを上げる一番の方法です。**

親 だけど、子どもよりも大人のほうが経験があるわけですし、子どもが困っていたら手を差し伸べてあげることは大事なんじゃないかと思うんですが……。

風間 子どもが困っているときは成長のチャンスです。自分で悩んで、考えて、行動をすることで大きくなる。それなのに大人が「まだ子どもだから」「何もできないから」と先回りして解決策を与えてあげたら、どうなるでしょうか？

親 子どもは困ったら親が助けてくれると思ってしまう……。

風間 そうです。子どもにとってせっかくの成長機会を奪ってしまうことになる。それをずっと繰り返していけば、子どもは自分で考えようとせず、すぐに答えを求めるようになっていくでしょう。

親 ということは、大人はサポートしないほうがいいのでしょうか？

風間 サッカーはピッチの中で自分自身が考えてプレーするスポーツです。試合になったら、たくさんの問題が発生します。でも、**ピッチの中では誰も助けてはくれない。**親に聞きにいくこともできない。自分自身で問題を解決できる能力があるかどうかは、サッカー選手にとって重要な要素です。

親　子どもがうまくなるためには親のサポートも必要だと本にも書いてありましたけど……。

風間　子どもが「お父さん、もっと上手くなりたい」「こういうことを教えてほしい」と言ってきたら親は関わっていけばいいと思います。でも、それをしないで親が先回りするのは、最もやってはいけないことの一つです。

まとめ

- **親だけがやる気になると子どもはやる気を失う**
- **サッカーは自分で解決する能力が重要**
- **子どもが「やりたい」と言ってくるまで待つ**

風間メソッド02

子どものサッカーに〝ミス〟はない

質問者：子どものミスが気になっちゃう親

親　僕はもともとサッカー経験者だったので、子どもがサッカーをやっているのを見ると口を出さずにいられないんです。どうしてそんなミスをするんだ！　とついつい言ってしまって……。

風間　まず聞きたいのは、お父さんは「誰のサッカー」だと思いながら見ていますか？

親　そりゃあ、サッカーをしているのは子どもですから、子どものサッカーだと思っていますよ。当たり前じゃないですか。

風間　でも、ミスをしたら腹が立ってしまうわけですよね？

親　まぁ、そうですね。

風間　親と子どもには密接な関係があります。だから、子どもに自分の感情が乗り移ってしまうんです。子どもよりも、親の方が熱狂してしまっているというケースは少なくありません。そうなってしまうと、〝その子のサッカー〟じゃなくなってしまう。

親　でも、ずっと頑張っているのを見ているだけに、どうしてもっとできないんだと歯がゆくて……。

風間　その気持ちはわからないでもありません。ただし、親が子どもからサッカーを奪ってしまうと、楽しくなくなります。〝親のサッカー〟にしちゃいけないんです。

親　だけど、同じようなミスを何回もする場合はどうしたらいいんでしょうか……。そういう時はさすがに注意した方がいいですよね？

風間　そもそもミスの定義が何なのかという話です。私からすれば、**子どものサッカーに〝ミス〟はありません。**

親　え？　ミスはない？　シュートミス、トラップミス、パスミス……たくさんあると思うんですが。

風間　そんなものはミスとは言いません。

親　ミスだけどミスじゃない？

風間　その子が一生懸命やった結果として、プレーが上手くいかない。そういうのは〝ミス〟とは呼びません。もちろん、プロ選手だったら、それでお金をもらっているわけですから、ミスをしないようにしなければいけない。１つのプレーで勝敗が決まってしまうことだってある。だけど、子どもを同じようなモノサシで見るのは違います。

親　う～ん、わかるような、わからないような……。

風間　子どもがシュートを打たなかったら、お父さんが「あそこで打てば良かったのに」と言っているのをたまに聞きます。確かに、シュートを打てば入る確率は高かったのかもしれない。でも、正解というのは自分で見つけるからこそ価値がある。親は正解を教えてあげて満足するかもしれないけど、子どもにとってはマイナスに働く可能性もあります。

親　なるべく我慢強く見守った方がいい、ということですか。

風間　親からすれば、「もっとできる」と思っているのかもしれない。だけど、**子どもの才能に期待し過ぎてはいけません（笑）**。ミスをしても「こんなもんだろう」ぐらいの気持ちで見ていた方が、親も楽しいし、子どもも楽しいですよ。

親　確かに……。最初のうちはボールを蹴っているのを見るだけで幸せだったんですけど、いつの間にか子どものサッカーを見ながらイライラするようになっていました。

風間　子どもに上手くなってほしいというよりも、自分が悔しいから怒ってしまう親や指導者がすごく多い。言葉を発する時に、こう考えましょう。「どうして自分は子どものミスに腹が立ってしまうんだろう？」と。そうすると大半は子どものためじゃなくて、自分の気持ちが先に来ていることに気づくはずです。〝その子のサッカー〟を取り上げるのはやめましょう。

まとめ

- 子どものサッカーに感情移入しない
- プレーの失敗はミスとは呼ばない
- 子どもの才能に期待し過ぎない

風間メソッド03

子どもの試合は感謝しながら見る

質問者：全部の試合を見に行く親

親　子どもの試合って見に行った方がいいのでしょうか？

風間　それは人によると思います。私は小さい頃、母親が仕事で忙しくて、なかなか試合を見に来られませんでした。だから、「決勝だけは見に来てよ」と言って、決勝まで勝ち上がることを目標にしていました。

親　風間さんにとってはお母さんが見に来るというのは、うれしいことでしたか？

風間　そうですね。自分がサッカーをやっているのを見てもらって、母親に喜んでほしいという気持ちもありました。ただ、家庭の事情は人それぞれですし、その子のレベルにもよるでしょう。試合に出てもあんまり活躍できないから、できれば見に来てほしくないという子もいるでしょうしね。

親　あぁ、ウチの子はあんまり上手じゃないので嫌がってるかもしれません……。

風間　**でもね、親の目線からすれば、世界で一番楽しいのは子どものサッカーなんですよ。**バルセロナよりも、レアル・マドリーよりも、自分の子どものサッカーほど楽しいものはない。だからこそ、感情移入しがちになっちゃうんですけどね。

親　そうなんです！　試合を見ていると、ついつい熱くなってしまって。

風間　できれば、親は黙って見ていた方がいい。親が自分のプレーに一喜一憂していると、子どもからそのうち「見に来ないでくれ」って言われてしまいますよ。親としては楽しい試合を子どものおかげで見させてもらっているぐらいの感覚でいればいいんじゃないかと思います。

親　何歳ぐらいまでは、そういうスタンスでいればいいんでしょうか。

風間　ずっとじゃないですか。大学の監督をしていた時も、親には「子どもたちのサッカーを見るのって楽しいですよね？　子どもたちに感謝しながら見てくださいね」という話をしていました。

親　子どもの試合を見た後って、何か感想を言った方がいいんでしょうか。良かったよとか、頑張ったね、とか。

風間　子どもからどうだった？　と聞いてくれれば、もちろん答えてあげた方がいでしょう。だけど、わざわざ自分から言わなくてもいいと思います。子どもにどんな言葉が響くのかっていうのは、その子によって全然違う。私自身の話で言えば、小さい時に陸上大会に出て2番になった。その時に「あんたより速い子がいるんだね」と母親に言われたのは強烈に覚えています。あまりにも悔しいものだから、なかなか家に帰れなかったぐらいです。

親　お母さんは風間さんがそこまで悔しがるのを見越していたんでしょうか？

風間　いや、そこまで考えていないんじゃないかな（笑）。だけど、その一言が私にとっては強烈に刺さったんです。絶対に次は負けたくないと思って練習しました。今でも、あれは自分の中に残ってますね。

親　できるところを褒めてあげた方が、子どもはやる気になるのかなと思っていたのですが……。

風間　すべての子に当てはまるわけではありません。**子どもっていうのは、親が思って**

いるよりもいろいろ自分の中で考えている。親が一生懸命考えていいことを言おうとしても、心から思っていないなって見透かされてしまうもの。それなら、よっぽど普通に接した方がいい。子どもが悩んでいる時や、きっかけが欲しい時に、そこで親の言葉がピタッとハマる瞬間があるかもしれない。それは狙ってできるものじゃないんです。

親　何だか、ちょっと気持ちが楽になりました。

風間　子どものサッカーを見られる時間というのは、プロ選手にでもならない限り、決して長くはありません。だからこそ、子どもに感謝しながら楽しんでほしいなと思います。

まとめ

・子どもの試合は世界で一番楽しい
・子どもに感謝の気持ちを持つ
・無理に感想を言う必要はない

風間メソッド04

天狗になるのは当たり前

質問者：子どもが天狗になって困っている親

親　ウチの子ども、正直言って今のチームの中じゃ上手な方なんです。でも、だんだんと天狗になってきているというか。調子に乗っているような感じがして……。どうすればいいのか悩んでいるんです。

風間　天狗のままでいいじゃないですか。

親　え？

風間　だって、私が子どもの時なんて、完全に天狗でしたから（笑）。運動神経が良かったので、体育の授業になれば、他の子よりも簡単にできちゃう。サッカーをやらせれば、明らかに周りよりも上手い。それで天狗にならないわけがない。学校の先生から「風間はうぬぼれている」と言われたこともあります（笑）。

親　天狗になったら伸びないんじゃないですか？

風間　でも、**上に行っている人間というのは多かれ少なかれ天狗になっているところがある。**「俺はすごい」っていう、ある種のうぬぼれがあるから頑張れるわけだし、自信がなかったらサッカーでいいプレーなんてできません。

親　例えばそのチームの中では上手くても、だんだんとレベルが上がっていけば、自分より上手い選手がいることに気づくと思うんです。そうなった時に困るんじゃないかと心配なんですが……。

風間　全然いいんじゃないですか。周りの大人が教えるんじゃなくて、自分で気づかないといけない。俺は井の中の蛙だったんだな、じゃあどうしようかって思えてくる。むしろ、天狗になってる子どもに対して、どうやって接するかの方が大事です。頭ごなしに、「調子に乗るな」とか「みんなのことを考えろ」って言う親やコーチを見ると「もったいないな」と思う。自信があるんだったら、どんどん伸ばしてやればいいのに、最初から天狗になっちゃいけないと決めつけている。

親　でも、自分の子どもが調子に乗っていると、親は何をやってるんだという目で見られちゃうんです！

風間　それは大人の視点ですよね。もしかしたら天狗になっていて、チームの中で嫌われちゃうかもしれない。そうなったらそうなったで貴重な経験になる。もちろん、イジメにまでなるようだったら別の話ですけど、**最初から大人が何でもかんでもやってしまうのは、子どものためにはなりません。**赤ちゃんは小さい時は、ものすごいチャレンジ精神を持っている。何でも食べようとするし、何でも触りに行く。それをいちいち「危ないからダメ」とやっていたら、赤ちゃんはチャレンジしなくなります。大人からすれば、危険を取り除いてあげているつもりかもしれないけど、子どもに気づかせてあげた方がいい。

親　でも、子どものためを思ってアドバイスをしてあげるのが大人の役割だと思うんですが。

風間　今だけを見ているのか、先を見ているのかっていう話です。今だけ良くなればいいと思っているんだったら、どんどん言えばいい。だけど、それで一番喜んでいるのは誰なのかを考えてみてください。

親　確かに、自分の子どもはちゃんとしていると見られたいって気持ちが強かったかもしれません……。

風間　最初から完璧である必要なんてないし、天狗になっていたとしても見守ってあげてください。もちろん、人を傷つけたり、他の選手を悪く言ったりするのはダメです。本当にやっちゃいけないことが何かを覚えさせるのは親の役割です。普段からずっと何か言ってくる親よりも、何も言わない親から言われた方が響くじゃないですか。とっておきのカードにするために〝自分の言葉〟をとっておいた方がいい。

まとめ

- **天狗になるのは仕方がない**
- **失敗の可能性を取り除かない**
- **〝自分の言葉〟をとっておく**

風間メソッド05

サッカー経験があること自体が〝ない〟

質問者：サッカーで全国大会に出たことのある親

親　風間さんは元プロサッカー選手で、自分の子どももプロになっていますよね？小さい時からさぞかし英才教育をしていたんでしょうね……。

風間　よくそうやって言われるんですけど、全然違います。私は自分の子どもにサッカーを教えていないので。

親　え？　朝から晩まで子どもとサッカーをしていたんじゃないですか？

風間　そんな時間があるわけないでしょう（笑）。**そもそも私の中では、サッカー経験があるということ自体が〝ない〟んです。**

親　サッカー経験があるということ自体がない……？

風間　つまり、日本代表だった、全国大会に出た、何とか選抜だった……。だから自分はサッカーを子どもに教えられると思っているのが、大きなうぬぼれなんです。

親　それで言ったら、ペレとかマラドーナとかじゃないとサッカーを子どもに教えてはいけないということになるのでは……？

風間　サッカーを教えちゃいけないとは言っていません。ただ、必ずしもサッカーを教えなくてもいいということです。

親　名選手の子どもがサッカー選手になる例が多いのは、親がアドバイスしてあげたからだと思っていたんですが……。

風間　そういうケースもあるでしょう。ただ、親が子どものサッカーに口出しをしてもいいことはありません。なぜかといったら、子どもが親の枠から出ていかなくなってしまうからです。

親　親の枠、ですか……。

風間　極端なことを言えば、サッカーに向いていないと思うんだったら、やめたっていい。もしかしたら他のことに才能があって、子どもはそっちをやりたいと思っているのかもしれない。だけど、親がサッカー、サッカーと頑張ってしまうと、子どもは自分がやりたいからじゃなくて、親の期待に応えたいと思ってサッカーをやるようになってしまう。

親　なるほど……。

風間　サッカー経験者の親が言えるのは、自分ならこうする、自分はこうしてきたとか、そういう話になってしまう。でも、子どもは自分じゃないですから、それぞれの上手くいくやり方があります。ただ、それでもアドバイスをしたい時は、「こうすれば上手くいくんじゃない？」と提案する方法でしょうか。それをやるかどうかは、あくまでも、子ども自身に決めさせる。

親　具体的には、どうすればいいんですか？

風間　**子どもっていうのは「俺の言うことを聞け」と言っても聞かない。むしろ、「俺の言うことなんて聞かなくていい」と言った方が聞くものなんです。**

親　それは風間さんが天邪鬼な子どもだったからなのでは……。

風間　ははは（笑）。だけど子どもっていうのは、大なり小なりそういうところがあるんじゃないかな。親はどうしても何でもやってあげたくなっちゃうんだろうけど、そこで勇気を持って距離を取ってみる。そうすると、あっちから向かってくる。「サッカーを教えてほしい」と子どもから言ってきたのであれば、どんどん教えてあげればいい。

親 子どもから来るまで待つ……。

風間 多くの人は、自分から相手に声をかけたり、接したりするのがアプローチだと思っている。でも、相手が自分の言葉を聞こうとしていなければ意味がありません。どんなに大事な話をしても響かない。だから親やコーチにとって大事なのは、どれだけ向かってこさせるか。自分から「話を聞きたい」「教えてほしい」というモードを作れるか。

親 プロチームでもそうやっているんですか？

風間 大人であろうと子どもであろうと、根本的なところは変わりません。

まとめ

- サッカー経験にこだわらない
- 親の考えを押し付けるのは「×」
- 子どもから向かってこさせる

風間メソッド06

サッカーはどこでやっても上手くなれる

質問者：**都会に引っ越すべきか悩んでいる親**

親　私は地方に住んでいるのですが、子どものサッカーチームのレベルが正直言って物足りません。子どもはプロになりたいと言っているのですが、本気で上を目指すのであれば、チャンスがたくさんありそうな都会に行った方がいいんでしょうか？

風間　答えから言うと、「どっちでもいい」ですね。

親　そんな無責任な……。私たち親は、子どもが夢を叶える確率を高めるためにどうすればいいのか、本気で悩んでいるんですよ！

風間　どっちでもいいと言ったのは、その子次第だからなんです。**サッカーが上手くな**

る子は、どこに行ったって上手くなる。すごい選手っていうのは、教えて作れるものではないですから。

親　だけど、あのリオネル・メッシだって、バルセロナに若いうちに行かなければ、あそこまでの選手にならなかったんじゃないですか？　スカウトにたまたま見つけられたから良かったかもしれませんが……。

風間　メッシは、たまたまスペインに行ったわけではないですよ。アルゼンチンにいた時から「とんでもない選手がいる」と言われていたそうです。すごく小さかったけど、誰よりも負けん気が強くて、何よりもテクニックがすごかった。メッシは特別かもしれませんが、すごい選手は世界中に山ほどいる。プロになれるぐらい突出した才能だったら、どんな田舎でプレーしていても見つけてもらえますよ。

親　でも、例えばJリーグのアカデミーとかは環境も充実しているし、上手い選手が集まってきますよね？　そういうところにいた方が、子どもは刺激を受けて伸びるんじゃないかと思うんです。

風間　確かにJリーグのアカデミーは整ったグラウンドでプレーできるし、コーチの人数も多いし、チームメートのレベルも高い。それ自体はいいことだと思います。ただ、家から練習場が離れていて1時間以上かけて通わなければいけないとか、そうなると自由時間がなくなってしまう。

親　質の高い練習ができるんだったら、その方がいいんじゃないですか？

風間　**サッカーが上手くなるには、自分で考えながらボールを蹴る時間があった方がいい。**どうやったら狙ったところにボールを蹴れるのか、思い通りのポイントにボールを止めるにはどうすればいいのか。それはコーチから教えられるものではなく、最終的には自分でつかむものです。

親　風間さんのチームは自主練習の時間が長いという話を聞いたことがあります。プロ選手でも自主練習をするものなんでしょうか？

風間　子どもであってもJリーグの選手であっても、ボールは蹴った分だけ上手くなるというのは同じです。ただし、漠然とボールを蹴っているだけでは、蹴った技術と伸びるスピードは比例していきません。

親　どうすればいいんでしょうか？

風間　焦ってはいけません。上手くなりたいと思っていれば、自然と工夫するようになります。**何から何まで教えられることに慣れている子どもも多いですが、だからこそあ**

えて放っておいてあげることも必要ではないでしょうか。

親　風間さんはプロ選手にもそういうスタンスで教えているんですか？

風間　もちろん、子どもとプロでは変わってきますが、プロの中でも上に行く選手というのは、自分で課題を見つけて改善しようとする習慣が身についています。自主練習を見ていれば、どんな課題に取り組んでいるのかはわかります。

親　環境を整えてあげるのが、必ずしも子どものためになるわけではないと。

風間　はい。その子にとって、どんな環境がいいのかを、親が先回りして決める必要はありません。

まとめ

- **環境にこだわり過ぎない**
- **自由な時間が子どもを伸ばす**
- **自分で工夫する習慣をつける**

風間メソッド07

子どもから見返りを求めない

質問者：**毎日送り迎えしている親**

親　他のスポーツに比べれば安い方なのかもしれませんが、子どもがサッカーをするにも結構お金も手間もかかるんです。送り迎えをしたり、スクールに通わせたり……。この先、どこまでサポートしてあげられるか不安です。

風間　今はサッカーをするために〝大人の手〟が必要なのは事実ですね。私たちが小さかった頃は、今のようにスクールなんてなかったし、照明付きのグラウンドもほとんどありませんでした。サッカーはしたいけど、夜になると真っ暗になっちゃうからボールが見えない。どこでボールを蹴るかというと公園や神社でした。**今はサッカーをやれる**

環境は整ったかもしれないけど、自由にボールを蹴れる場所は少なくなっています。だから、大人が手を貸してあげなければいけないのも確かです。

親　やっぱりお金がない家は、裕福な家に比べたら不利なんでしょうか。

風間　必ずしも良い環境でやるのが一番かどうかはわからないし、小さい頃に土とかボコボコの中でやっていても上手い子はいる。それぞれの環境の中で考えればいい話なのかなと思います。

親　でも、公園でボールを蹴っているよりも、スクールに通っている方が新しいことを学べるんじゃないかと思ってしまうんです。

風間　「好きこそモノの上手なれ」って言葉があるじゃないですか。好きなことだったら熱中できるし、どんな環境でも苦にならない。むしろ、その環境の中でどうすればいいかなって考えるようになります。スクールに行かなきゃ学べないなんてことはない。とはいえ、子どもがやりたいと思っているんだったら、親はそれを応援してあげてほしいとは思います。

親　親はたくさん応援してあげるべきということですね。風間さんに言われたなら、明日からもっと頑張ります。

風間　ちょっと待ってください。親は頑張っちゃいけないんです。

親　え？

風間　高いお金を出しているんだから、子どもには頑張ってほしい。そう思っている時点で親が感情を乗っけてしまっている。例えば、スクールに通わせたけれども、子どものやる気が今ひとつ見えない。どうしますか？

親　「せっかく通ってるんだから、ちゃんとやりなさい」と言うかもしれません。

風間　親が頑張って月謝を払ったり、送り迎えをしたりしているんだから、子どもにも頑張ってほしい――。これは親のエゴですよね。自分がかけた分の愛情を返してほしいと思うかもしれないけど、そこに期待してはいけないんです。それに今はやる気が見えないとしても、どこかで気づくかもしれないし、実はやる気はあるんだけど表に出せてないのかもしれない。**親がやれと言ったら一時的に子どもは頑張るでしょう。でも、それはポーズです。**

親　親が子どもの未来に期待するのは当然じゃないですか！

風間　赤ちゃんの時はどうでしたか？　無償の愛だったと思うんです。親はお金をもらえるわけでもないけど、何でもしてあげる。でも、だんだん大きくなっていくうちに欲張りになっていく。「プロになってほしい」とか「セレクションに受かってほしい」とか。だけど、そういうのは誰のためなのかというと、子どものためと言いながらも自分のためになってしまっているケースが多い。

親　そうかもしれません……。

風間　確かに、今はサッカーをする上で親のサポートは必要不可欠です。だからといって、親が関わり過ぎるのは良くない。どこまでが子どもの領域で、どこまでが親の領域なのかをよく考えてみることも大切です。

まとめ

- サッカーの環境が変わっている
- 子どもがやりたいなら応援する
- 親はサポート役に徹する

風間メソッド08

家に帰ってきてサッカーの話をしているか

質問者：スクール選びの基準がわからない親

親　サッカーのクラブやスクールを選ぶ際のポイントを教えてもらえませんか？

風間　例えば、スクールの体験参加に行った時に、お父さんだったらどんなところを見ますか？

親　どんなことを教えてくれるんだろうっていうのは気になって見ちゃいます。

風間　普通はそうでしょう。でも、実は「何を教えてくれるか」は、そんな大したことじゃないんです。私が考える、スクールを選ぶ時のポイントは3つあります。

親　3つ、ですか。

風間　1つ目は、子どもが楽しく体を動かしているか。最初に入ったスクールで何が決まるかって言うと、「サッカーを楽しいと思うか、楽しくないと思うか」なんです。実績のあるコーチのスクールに入れたとしても、「サッカーを楽しくない」と感じてしまっては元も子もない。2つ目は、コーチが子どもの方を見ているか。例えば、うまく輪に入れてないとか、コミュニケーションを取れてない時に、それに気づいているかはすごく重要です。サッカーは、人とつながらないとできません。**3つ目は、家に帰ってきた時にサッカーの話をしているか。子どもが楽しかったとか、来週も行きたいと言っているのであれば、それが一番です。**

親　逆に、ここは違うなって言うのを見極めるにはどうすればいいですか？

風間　そのスクールがどうこうというより、その子に合っているかどうか。周りの評判がいいから通わせようというのではなくて、ちゃんと見極めた方がいい。大人だってそうじゃないですか。同じグループでも、Aさんには合っても、Bさんには合わないというのはよくある。子どもの表情、行動、言葉をしっかりと見てあげてください。

親　でも、最初はつまらなそうにしていたけど、だんだん楽しくなってきたとか、どこかでスイッチが入るとかっていうこともありませんか？

風間　もちろんあります。ただ、そこまでに楽しくないと思っているんだったら、やめちゃってもいいとは思います。

親　1回やめちゃうと復帰しづらくなるような……。

風間　そんなことはありません。実際に私の息子も1回やめてますから。

親　そうなんですか？

風間　3歳でサッカースクールに行ってみたんだけど、周りの子とうまく合わなくて「行きたくない」と言うから、じゃあやめようと。ただ、サッカーをやめた後もボールは蹴っていて、「また行きたい」と言ったから再開しました。

親　そのままやめちゃったらどうしよう、とは思わないんですか？

風間　まったく思いません。**すべてにおいてそうですが、一番尊重すべきは本人がやりたいかどうか。**1回やめたとしても、また「やりたい」と思ったんだったら、またやればいい。

親　1回始めたことは途中でやめてほしくないと思ってしまうのですが……。

風間　もう、どんどんやめていいと思います。向いてなければ変えればいいし、楽しいと思うならやればいい。日本では1つのことをずっとやらなきゃいけないという風潮があるかもしれませんが、我慢しながらやる必要なんてないんです。

親　なるほど……。

風間　大人になっても、好きなことを仕事にしている人間は強いですよね。好きなことを上手くなりたいから、自分でどんどん工夫するようになる。そして、それはサッカー選手にとって必要なもの。それを養うためには、子どもの頃からのアプローチが大切になってきます。

まとめ

- **表情、行動、言葉をよく見る**
- **子どもに合っているかどうかが重要**
- **やめたいならやめていい**

風間メソッド09

セレクションはしょせん人が選ぶもの

質問者：セレクションが気になる親

親　ウチの子どもは今度4年生になるんですが、Jリーグの下部組織のセレクションを受けようと思ってるんです。ただ、どうやったら合格するのかわからなくて……。セレクションに合格するコツのようなものがあれば教えてもらえませんか？

風間　はっきり言えば必勝法はありません。なぜなら、セレクションというのは、相手があるものだからです。「どんな選手を求めているのか」「どんな要素を重視して見るのか」には大きな違いがある。例えば、私はナイキのセレクションに関わっていましたが、そこでは「ゲームが上手い選手」はほとんど選ばれませんでした。

親　え、上手い選手なのに落とされるんですか？

風間　そうなんです。ナイキのセレクションは世界中で行われていて、各国から集まった選手でトレーニングするんです。そこで目に留まった選手は欧州のプロクラブにスカウトされる可能性がある。ただ、日本人選手の中で「ゲームが上手い選手」を選んでも埋もれてしまうんです。国籍も人種もバラバラな選手の中で目立つためには、どこかに目立つ特徴がないといけない。とんでもなく背が高いとか、1人でボールを持って行けるとか、メチャメチャ足が速いとか……。**必ずしも、上手いから選ばれるわけじゃないということは覚えておいた方がいいと思います。**

親　ちなみに、風間さんはセレクションではどんなところを見ているんでしょうか？

風間　「その子が入ったらどうなるか」をイメージしながら見ます。基本的には入りたいと言ってくれる選手は全員入れてあげたい。ただ、この子は入ったとしたら大変になってしまうだろうな、という子は落とすしかない。レベルが落ちるからダメというのではなく、チームの中でやっていけるか。そこまでイメージをして選んでいるつもりです。

親　プロ選手になるには、セレクションを勝ち抜かないといけないですよね。

風間　サッカーをやっていれば、常にセレクションをされているようなものです。市の選抜、県の選抜……。ただ、セレクションで合格しなかったから、自分がダメだと思う必要はありません。中学や高校のテストと違って、あくまでも人が選ぶもので、その人の価値観に合わなかっただけの話。受かったからすごい、落ちたからダメっていうのはまったくナンセンスだと思います。

親　もし落ちたら、子どもが自信を失ってしまうんじゃないかと不安なんですが……。

風間　落ち込ませておけばいいんじゃないですか。

親　え？

風間　**落ち込むっていうのは本気でやっているってことですから。**上に行きたいと思っている人がたくさんいて、常に自分が選ばれるなんてのはあり得ません。

親　日本代表プレーヤーだった風間さんでも、セレクションに落ちた経験はあるんですか？

風間　何回もあります。高校1年生の時は静岡県選抜のセレクションで落ちてますし、高校3年生の時にあった東西対抗戦のチームにも選ばれなかったですし。エリートのように見られますけど、決してそんなことはないですよ。

親　そうだったんですか……。セレクションで落ちた時は、どんなフォローをしてあげればいいんでしょうか？

風間　もしも子どもが落ち込んでいたとしても、必要以上にフォローしなくてもいいんじゃないかと思います。先ほども言いましたが、落ち込むというのは悔しいってことだし、「それだけ悔しいんだったら、もっとできるってことでしょ」って言ってあげればいい。子どもにとってはダメだった経験こそが上に行くためのパワーになるわけですから。

まとめ

- **セレクションには選ぶ人の価値観がある**
- **受かったからすごい、落ちたからダメではない**
- **セレクションに落ちてもフォローしなくていい**

風間メソッド10

海外で学べるのはサッカーだけじゃない

質問者：海外留学を検討している親

親　今、若い世代から海外に行く選手が増えていますよね。風間さんはドイツでもプレーしていましたが、海外に行くのはどうなんでしょうか？

風間　海外に行くことに関しては大賛成です。行けるチャンスがあるんだったら、どんどん行った方がいい。

親　やっぱり、海外に行った方がレベルアップできるんですね。

風間　誰も、サッカーが上手くなるとは言っていません。

親　え？

風間　多くの人が、海外に行ったらサッカーが上手くなるとか、別人のような選手になれると思っている。はっきり言って、そんなのは幻想です。ただ、サッカーの面だけではないメリットがあるのは事実です。

親　どんなメリットですか？

風間　**自分と話をするようになる、ということです。**

親　自分と話をする……。

風間　つまり、自分という人間と向き合うということです。海外で何があるかというと、まず言葉が通じない。日本にいれば、日本語で話ができるし、同じような考え方の人が周りにいる。だけど、海外では言葉だけじゃなくて考え方も違う人の中でサッカーをしなければいけない。だから、必然的に自分と話をするしかないんです。その中で、自分がどんな人間なのかを発見できます。

親　サッカーだけを学ぶわけじゃない、と。

風間　むしろ、サッカーを通じて学ぶものはすごく多い。サッカーは1人ではできないスポーツです。チームメイトとつながらなきゃいけない。監督の考え方も理解しなければいけない。はっきり言ってかなり大変です。だからこそ、海外に行くのは貴重な経験になる。

親　ウチの子どもが海外でやっていけるのか不安です……。

風間　上手くいくこともあれば、上手くいかないこともある。それを人のせいにしたり、環境のせいにしたりするようであれば、日本にいても海外にいても同じです。自分が行くことを決めたのであれば、人任せじゃなくてちゃんとやる。それができるかどうかじゃないでしょうか。

親　何歳ぐらいで行くのがいいのでしょうか？

風間　その子によります。**年齢よりも、大事なのは子どもが自分で行きたいと思っているかどうかです。**親が海外に行った方がいいと言って行かせたら、上手くいかない時に人のせいにしちゃう。プロの選手でも、そういうケースは何人も見て来ています。あとは、日本と海外では〝当たり前〟が違うので、そこにどれだけ合わせられるか。楽だからといって日本人とばかりつるんだり、日本食ばかりを食べているようだったら、せっかく海外に行った意味が半減してしまいます。それだったらお金がもったいないし、最初から行かない方がいいでしょう。

親　人間的にもしっかりしていないと、海外に行っても失敗してしまう確率が高いんでしょうか？

風間 ただし、自分で行ってみて初めてわかることもあるので、上手くいかなかったからといって、それは〝失敗〟ではありません。日本にいたら気づかなかったことに気づけるのは、たとえサッカーで結果を出せなかったとしても、その子の中には確実に残るものはある。「俺って、こんなこともできなかったのか……」と気づくのだって大事な経験ですから。お金もかかる話なので、親としては悩むかもしれませんが、「自分で行きたい！」と子どもが本気で言っているのであれば、応援してほしいなと思います。

まとめ

- **自分と向き合う経験ができる**
- **サッカーを通じてコミュニケーションを学ぶ**
- **自分から行きたいと思っているかどうか**

風間メソッド11

シューズは自分のお金で買わせる

質問者：高いスパイクを買うか迷っている親

親　風間さんが子どもの頃って、どんなスパイクを履いていましたか？

風間　私の時なんて、それこそ裸足でずっとボールを蹴ってましたよ。

親　裸足ですか……。

風間　裸足がいいのはボールが足のどこに当たっているかがわかるところ。ここに当たったらよく飛ぶ、ここに当たったら痛いとか、感覚的につかめます。小さいうちは裸足で触らせて、ボールに慣れさせていくのがいいと思います。

親　サッカー道具の選び方をアドバイスしてもらいたいなと思っていたんですけど、

裸足だったとは……。

風間　もちろん、試合をする時はシューズを履いていましたよ（笑）。私もみなさんと同じように、おこづかいやお年玉を貯めて、自分がほしいシューズを買うというのが楽しみでしたから。

親　子どもがリオネル・メッシ選手やクリスティアーノ・ロナウド選手の履いているモデルをほしがるんですけど、かなり高額です。小さいうちから贅沢なんじゃないかと思ってしまいます。

風間　自分が憧れる選手のシューズがほしいと思うのは自然な気持ちです。ただ、当たり前のように買い与えると、その価値がわからない。だから、親として価値をわからせるやり方はあるんじゃないかと思います。

親　どうすればいいでしょうか？

風間　例えば、最初はワゴンセールで5000円のシューズにする。で、トップ選手のモデルが2万円だとしたら、それが欲しいなら自分でお金をこれぐらい貯めたら買えるよという話をします。もちろん、2万円を貯めるのは子どもにとって簡単じゃないから、お小遣いを5000円貯めたら買ってあげるとかにしてもいい。**ちょっとでもお金を**

出して、自分で買ったと思えば大事にすると思います。

親　今のシューズはどれも高いので、どんどん買い換えるというより、長く履いてほしいなと思っているのですが、サイズ選びへのアドバイスはありますか？

風間　**プレーのことを考えると、サイズはピッタリと合っている方がいいのは間違いありません。**どんなに技術のある選手でも、シューズが合っていないと半分も実力を出せなくなる。実を言うと、私も子どもの頃に母親から優勝したお祝いにシューズを買ってもらったことが何度かあります。ただ、そのシューズが必ず大きい（笑）。子ども服と同じような感覚で、すぐに大きくなるから、ちょっと大き目にしておこうと思っていたのかもしれません。シューズの中に綿を詰めたりもしたんだけど、蹴った時の感触が違うから履かなくなっちゃう。

親　風間さんのように優勝したら買ってもらえるというのはモチベーションになりますか？

風間　もちろん、うれしかったです。シューズのために頑張るじゃないけど、そういうのって子どもにとってはわかりやすい目標になる。ただシューズを買いに行く時は子どもに選ばせた方がいいと思います。今のシューズは高いですから、サイズが合わないともったいないので（笑）。

親　ちなみに、その大きかったシューズを風間さんはどうしていたんですか？

風間　自分の部屋に飾っていました。サイズが合わなくて履けなかったのは残念なんですけど、自分のために買ってくれたのは、すごくうれしかったんですよね。ウチの場合は母親が働いていたので、なかなかサッカーをしているところを見に来られなかったんですけど、だからこそ優勝したら買ってあげようと思っていたんだなと今になって感じます。

まとめ

- 小さいうちは裸足でボールを蹴る
- ちょっとでも自分のお金を出させる
- 必ずピッタリと合うサイズを選ぶ

風間メソッド12

サッカー以外もどんどんやればいい

質問者：**他のスポーツに興味がある親**

親　今、子どもがサッカーをやっているんですが、本や雑誌で「小さいうちはいろんなこともやらせた方がいい」というのを読んで、何が良いのかなと悩んでいます。風間さんはサッカー以外にも何かやっていましたか？

風間　私はサッカー以外に興味がなかったので、何もやっていませんでした。だけど、やっておけばよかったなとは思いますよ。一番それを感じたのが、高校生（清水市立商業高校／現清水桜が丘高校）の時。サッカー部はプールで5000メートルを泳がされたんです。1回も足をつかずに泳ぎ切らなきゃいけない。周りはみんな水泳をやっていて、泳ぐのが上手いから1時間ぐらいで終わるんですが、その倍ぐらいかかって……。あの時は自分も水泳をやっておけば良かったなとは思いましたね。

親 「プロ野球選手の多くが子どもの時に水泳をしていた」というデータも見たことがあります。

風間 サッカーだけしかやっていなかった私が言っても説得力がありませんが(笑)、他のスポーツから学べるものはたくさんあると思います。私たちの頃は、外遊びをする時間がすごく長かったので、その中でサッカーではやらない動き方も自然と身につけていましたが、今は昔とは環境も変わってきていますから。

親 他のスポーツの、どんなところがサッカーに活きると思いますか?

風間 たくさんあります。水泳だったら心肺能力が上がるだろうし、テニスだったら細かいステップや上半身のひねりとかが多いから、それもサッカーにつながると思います。あとはスキー。バランスを保ちながら方向を変えるというのは、サッカーのドリブルの動きにも通じるものがある。**サッカーだけをやっていては学べないものを他のスポーツで補えると思います。**

親 サッカーが上手くなりたいのに、他のスポーツに時間を割くのは回り道なのかなとも思ってしまうのですが……。

風間　子どもからすれば、サッカー以外のものに触れるのはいいリフレッシュになるんじゃないかと思います。私のようにずっとサッカーをやっていたいという〝変人〟じゃなければ（笑）、サッカー漬けだと飽きてしまうかもしれない。テニスもやってみる。野球もやってみる。それで、「やっぱりサッカーって楽しいな」と思ったら、その子にとってもいいのではないでしょうか。

親　オリンピックでフィギュアスケートや卓球のメダリストの話を見ていると、親がものすごく子どもに介入しているじゃないですか。専属コーチみたいになったり、家で10時間以上トレーニングしたり……。

風間　チームスポーツと個人スポーツの違いはあるのかなとは思います。**個人スポーツの場合は自分が上手くなるのが一番重要だけど、サッカーは人との関わり合いや、チームの中でどうやってプレーするかも出てくる。**だから、1人で個人技術をずっと高めたとしても、それを試合でどうやって活かすかがわかっていないと、独りよがりになってしまうのかなと思います。

親　なるほど……。

風間　親がどうやって介入するかで言えば、サッカーはピッチの中では自分で解決しなければいけないし、めまぐるしく変わっていく状況の中で何をするかという発想も大事になる。それを親がコーチ役になってなんでもかんでも教えようとしてしまうと、子どもが伸びなくなってしまうのかなと思います。だから、スタンスとしては遊び相手のようなイメージで、ボールを蹴りたいと言ったら付き合ってあげるぐらいが、ちょうどいいのかなと。

親　親子で頑張ったという話をテレビで見ていると、どうしても影響されてしまうので……。あまり頑張りすぎないようにします。

まとめ

- **サッカーでは学べないものを補える**
- **サッカーの楽しさに気づける**
- **個人競技とは親の関わり方が違う**

PART 2

指導者の悩み

指導者の悩み たとえば…

子どもたちが全然話を聞いてくれないなぁ
指導者
どうしたら聞いてくれるんだろう?
モヤ

実は……
子どもたち（や、その親たち）との
向き合い方に悩んでいます。
それぞれ違う個性を持つ
子どもたちにサッカーを教えるとき、
風間さんは何を
大切にされているのでしょうか？

そんなとき風間さんなら…
しゃべりたいなら しゃべって いいよ
その代わり サッカーをやりたくないなら 向こうに行ってね

最初に基準を
はっきり示してあげれば
子どもたちも
わかりやすいです

風間メソッド13

子どもは大人のおもちゃじゃない

質問者：子どもに戦術を教えていいか悩むコーチ

指導者 私はジュニア世代の指導をしているんですが、「子どもたちにどこまで戦術を教えるべきなのか」ということで悩んでいます。

風間 ちょっと聞きたいんですが、〝戦術〟っていうのは何だと思いますか？

指導者 え？　戦術ですか……。ポジションだったり、システムだったり、動き方だったり……。

風間 〝戦術〟と言うと、多くの指導者が選手を将棋のコマのように考えてしまう。戦術ボードに選手を配置して、ここを攻めようとか、こういう動きをしようとか、そんなことばかり言っている。将棋には歩、飛車、王などの役割があります。でも、選手というのは必ずしも役割には当てはまらないし、サッカーで同じように、選手をチームの戦術に当てはめてしまうのは危険なことです。

指導者 子どもには戦術は教えない方がいいということでしょうか？

風間 戦術という言葉をどうとらえるか。サッカーで戦術と言えば、チーム、グループ、個人という単位がある。その中で一番大事なのは何かと言うと、個人の戦術なんです。**個人が集まってチームになっていくわけですから、個人が上手くならなきゃいけない。**

指導者 個人の戦術というのは、どういうことですか？

風間 まず技術を教えなければいけない。ボールをどうやって止めるのか、どこに止めるのか。どこに狙って蹴るのか、狙ったところに蹴るにはどうするのか。止める・蹴るというのはみんな基礎、基礎と言うんだけれども、そうじゃない。技術も戦術なんです。

指導者 技術も戦術……。

風間 そう。技術が上がってくれば、その選手も見えるものが変わってくる。今までは出せなかったパスコースが狙えるようになるし、相手との距離が近くてもプレーできるようになる。そういうのが積み重なって戦術になっていく。それから、動きも教えなければいけない。どこに、どうやって動けば、フリーになるのか。紙の上だと、相手の選手が動けばここにスペースができるとかやっているけど、本当にそうなのか。相手が1メートル横にいたってスペースはできるんです。そのスペースを見つけるためにも、そこにパスを通すためにも、個人の戦術がなければいけない。それを飛ばしてチームの戦術というのは、本当はあり得ない話なんです。

指導者 では、個人の戦術をどうやって教えていけばいいのでしょうか？

風間 一番大事なのは、その子どもをよく見ることです。何ができているのか、どんなプレーが得意なのかを、しっかりと観察する。そこから、どうやってアプローチするかを決めていく。例えば止める・蹴る・運ぶ・外すって言ったって、どういう技術なのかをわかっていないと見ることができない。全員に同じメニューをやらせたとしても、全員が同じペースでうまくなるわけじゃない。声のかけ方だって変わってくる。

指導者 子どもと向き合えということでしょうか？

風間 そうです。人に何かを教えるっていうのは、ものすごく大変なことで、ものすごく難しいことで、ものすごく責任があること。それなのに、みんな簡単に教えられると思っている。この戦術をやれば、必ず強くなるとか、そんなのあるはずがないんです。

指導者 風間さんでも教えるのは難しいと思ってるなんて……。

風間 子どもを大人のおもちゃにしちゃいけない。子どもをしっかり見ていれば、何をすべきかというのは、おのずと見えてくるはずです。チームでやることをかっちりと決めてしまった方が、もしかしたら目の前の試合には勝てるかもしれない。だけど、子どもを教える人間というのは、試合に勝ったか負けたかで一喜一憂していてはダメなんです。

まとめ

- **選手を将棋のコマのように扱わない**
- **チームの戦術の前に個人の戦術**
- **とにかく子どもをよく見る**

風間メソッド14

10年後に勝てばいい

質問者：大事な大会を控えているコーチ

指導者 来月に全国大会の予選があるので、どうしても勝ちたいと思っています。全国大会に出れば、強いチームと試合ができますし、子どもの可能性も広がるじゃないですか？ 大事な大会の前って、風間さんは特別なメニューをやったり、戦術を変えたりすることはしますか？

風間 しません。

指導者 ただ、絶対に勝たなければいけない試合っていうのは、誰にでもあると思うんです。例えば、風間監督だったらJリーグの入れ替え戦プレーオフとか。そういう時でも、戦い方は変えないんですか？

風間　変えません。むしろ、どうして戦い方を変えた方が勝てる確率が上がると思うんですか？

指導者　だって、本当はパスをつなぎたいと思っていても、相手が強かったら取られるかもしれないじゃないですか！　リスクを冒して失点するぐらいだったら、シンプルに蹴った方が良くありませんか？

風間　何を目的としているかだと思うんです。確かに、前線に足の速い子がいたら、スペースを目掛けてロングボールを蹴っておけば、勝てる確率は上がるかもしれない。でも、もっといい勝ち方もできるかもしれない。**失敗するんじゃないか……と自信を持てないのは、選手ではありません。指導者なんです。**子どもたちを信じて、練習でやってることを、試合で出せるように背中を押してあげましょう。

指導者　子どもたちを信じたい気持ちはあるんですけど……。

風間　子どもがどんな時に伸びるか、わかりますか？　自分が今までできなかったことをできるようになった時なんです。練習でたくさんボールを蹴ることは大事ですけど、試合で試さなければ、どれだけ通用するのかもわかりません。上手くなれば、勝てるようになります。サッカーは相手がいるスポーツなので、自分たちの技術の伸びと、試合の結果がイコールにならない時もあるでしょう。だから、多くの指導者は結果がほしいと、システムをいじったり、チームの戦術を変えたりっていうことを考える。

指導者　うっ……。

風間　でも、そうやって勝ったとしても何が得られるのでしょうか。根拠のない勝利をどれだけ積み重ねたとしても、その選手の自信にはなりません。〝根拠〟になるものをどれだけ作ってあげられるかが指導者の大事な仕事だと思います。

指導者　目先の結果にとらわれないようにします。

風間　プロでも子どもでも同じで、スポーツでの目的が「勝つこと」だけになったら面白くない。自分が率いているチームで常に言っているのは「どう勝つか」はすごく大事だよ、と。たまたま勝っちゃったのか、自分たちが積み上げたもので勝ったのか。どう勝ってきたかで、選手の成長というのは全然違ってくる。指導者、特に育成年代を見ている指導者というのは、そこをイメージしてほしい。**子どもたちにとっての勝ちは〝今〟じゃないんです。**

指導者　もっと先にあるということですか？

風間　あるトーナメントで優勝できなかったとします。でもそこから10年後にすごい選手になるかもしれません。自分にできなかったことを発見して、その時の経験を糧にして、どんどん伸びていく。それも一つの〝勝ち〟です。

指導者　今まで、目先の勝利にとらわれすぎていたのかもしれません……。

風間　全国大会に出ればメディアから取材されたり、周りからすごいと言われたり、来年のセレクションにたくさん人が来たりするもしれない。どうしても勝ちたいのは本当に子どもなのか、それとも大人なのか。自分の胸に手を当てて考えてみることが必要なんじゃないかと思います。

まとめ

- **上手くなれば、勝てるようになる**
- **目先の結果ではなく〝根拠〟を作る**
- **10年後の勝利をイメージする**

風間メソッド15

選手の顔を見ればメニューが決まる

質問者：**練習のテンションを上げたいコーチ**

指導者　風間さんは子どもと接する時に、どんなことに気をつけていますか？

風間　いつも言っているのは、「子どもも大人も変わらない」ということですね。

指導者　大人と同じようなスタンスで教えるということでしょうか？

風間　そうですね。子どもたちに教える時には、「同じことを大人にできるか？」というのは常に考えています。**多くの人はプロ選手に教える方が子どもに教えるよりも大変だと思うかもしれない。でも、実際は子どもに接する時の方が、指導者は感性を研ぎ澄まさないといけない。**

指導者　感性を研ぎ澄ます、というのは？

風間　例えば、練習のテンションが上がらなかったら、大人だったら「ここがダメなんじゃないか？」「どんな狙いがあるんですか？」など、言葉でのコミュニケーションが取れる。でも、子どもの場合は言葉でちゃんと表すのは簡単じゃありません。だから、指導者が感性を研ぎ澄ませていないと、上手くいっていないことにすら気づかない。

指導者　確かに、メニューをこなすのを優先してしまい、子どもの顔をちゃんと見られていないことがあります……。そういう時って、風間さんはどうするんですか？

風間　選手の顔を見て、メニューを変えます。

指導者　え？　選手の顔にメニューが書いてあるんですか……？

風間　そんなわけないでしょう(笑)。

指導者　今日やることを何パターンも考えておくんですか？

風間　他の監督に言ったら驚かれるんだけども、基本的にはグラウンドに立つまで何をやるかは決めてません。ある程度のイメージはあるけれど、全部を固めておくことはない。練習をやってみて、「これをやってみよう」というのを思いつけば、どんどん変えていく。

指導者 選手もコーチもついていくのが大変そう……。

風間 コーチにはミーティングであらかじめ「こういうことをやるよ」と話しておく場合もあります。ただ、あえて何も言わずに〝ぶっつけ本番〟でやることもある。なぜかと言えば、次に何をやるかがわかっていると、コーチたちも予定調和になってしまうから。次に何をやるのかわからなければ、みんなの集中力が自然と高まるんです。

指導者 例えば、2対2をやりますよ、とかだったらわかるんですけど、結構細かいオーガナイズもあるわけじゃないですか。何メートルのスペースを作ってとか。そういうのも即興で思いついたりするものですか？

風間 うん、即興です。

指導者 天才じゃないですか……。普通の人にはマネできません……。

風間 これをやったら良くなるだろうな、これは面白くなるんじゃないかなっていうのを、頭の中にストックしておく。映画を見ていたり、ごはんを食べたり、みんなと話したり、寝る前だったり……、そういう時にパッと閃くこともある。

指導者 いわゆるトレーニングノートみたいなのはつけてないんですか？

風間 つけていません。だって、その時に最適なメニューは常に変わっていくから。選手のレベルもそうだし、何人でやるかもそうだし、その日の雰囲気も含めて、全部違う。だから、昔は上手くいかなかったメニューが、今やると上手くいくこともある。料理人って、まったく同じレシピでも、その日の食材の状態や気温とかで微妙に調理法を変えるっていうじゃないですか。そういう感覚に近いのかもしれません。よく、**練習を見に来た指導者が熱心にメモを取っているんだけど、「メモを取っても意味ありませんよ」と言うんです。**それよりも選手の顔がどうなっているかを、しっかり見ることがよっぽど大事なんです。

まとめ

- **選手の顔を見てメニューを決める**
- **コーチにもあえて何をやるか教えない**
- **最適なメニューは常に変わる**

風間メソッド16

練習では失敗を引き出す

質問者：練習メニューが思いつかないコーチ

指導者 風間さんはどうやって練習メニューを考えているんですか？　本とかネットを参考にすることもあるんですけど、自分のチームに合っているのかわからなくて。

風間 今は何人ぐらいのチームを見ていますか？

指導者 えっと、20人ぐらいです。

風間 **もしも、練習メニューが思いつかないというのであれば、1人のためのメニューを考えてみるといいですよ。**

指導者 1人のためのメニューですか？

風間　そうです。20人じゃなくて、その子、1人が上手くなるかなってメニューを試してみる。今、適当に1人を思い浮かべてもらえますか？

指導者　はい……。ボールを持った時のプレーはいいんだけど、その前のもらう動きに課題がある子がいます。

風間　その子がもっと動くようになれば、チームにとっていいことになると。じゃあ、プレーを止めずに、ずっと動くようなメニューを組んでみる。全員が同じ課題を抱えているわけじゃなくても、他の子にとっても何か得るものは必ずある。映画を作る時なんかもそうだと思いますが、最初から何百万人に見てもらうことをイメージすると凡庸なものになってしまう。1人の誰かに強烈に刺さるものを作った方が、上手くいけば何百万人に広がる可能性がある。

指導者　風間さんでも、今日の練習はイマイチだったなって時はあるんですか？

風間　もちろん。

指導者　そういう時は落ち込みませんか？　メニューを考えていても、「上手くいかなかったらどうしよう……」と不安になってしまうんですが……。

風間　そんなのは気にしてもしょうがないよ。

指導者 そうなんですけど……。

風間 言っておきたいのは、練習を成功させるための練習では選手は上手くならない、ということ。こういう設定で、このぐらいの強度で、こんな現象を出したい……ってイメージがあるとして、実際にその通りになったとする。でも、そういう時こそ、本当にいい練習だったのかを疑った方がいい。

指導者 え？ イメージ通りの練習ができたんだから、満足してもいいんじゃないですか？

風間 **練習っていうのは、試合でうまくやるためのもの。**だから、練習では失敗をさせた方がいい。パスをつなぐ練習をしていて、スムーズにポンポンとつながっているんだったら、パスがつながりづらいように設定を変える。だからといって、失敗してばかりでもダメです。ちょうど手が届きそうで届かない、ギリギリのところを探してあげる。

指導者 なるほど……。

風間 簡単に越えられるハードルばかりを用意していると、選手に余裕が生まれちゃうんです。練習中の雰囲気もゆるくなるし、まったりしたムードが漂ってしまう。それでは選手もチームも伸びなくなってしまう。だから、ある程度できるようになったら、

「次はこれぐらい」と、ちょっとずつハードルを上げていく。

指導者 そこの見極めがすごく難しそうです。

風間 だから、いつも言っているように選手を見なければいけない。今何をするべきかというのは、選手が教えてくれます。名古屋グランパスの練習を見学しにきた指導者に言っているのは、「私の練習方法を学ぶんじゃなくて、どうすればこのチームに勝てるかを考えてください」と。自分だったら、どんな練習をやって、選手を伸ばして、チームを強くするかを考え抜く。それが一番の学びになります。

まとめ

- 1人のためのメニューを考える
- 練習を成功させるための練習は「×」
- 今何をするかは選手が教えてくれる

風間メソッド17

やりたくないことをやらせる

質問者：新しい刺激を求めているコーチ

指導者 風間さんは同じメニューを何度も選手にやらせるというのを読んだことがあります。でも、同じメニューをやらせたら、選手が飽きるんじゃないかと思うんです。いったいどんな工夫をしているのでしょうか？

風間　すごくいい質問です。他の人からは同じメニューをやっているように見えるかもしれないけど、実は同じじゃないんです。

指導者 え？　同じだけど、同じじゃない？　どういうことでしょうか？

風間　**選手がうまくなるために大事な要素は2つあると思っています。それが「継**

続」と「刺激」です。

指導者 「継続」と「刺激」ですか。

風間 はい。「継続」というのは、同じことをずっとやり続けること。例えば、ボールを止める、蹴るという技術を高めるための練習は、プロであろうが子どもであろうがやり続けないといけない。ただ、人間だから同じことを繰り返していれば飽きます。そこで「刺激」を入れます。

指導者 具体的にどんなことをやるんですか？

風間 5メートル離れてパスを出すというメニューをやっているとします。狙い通りに蹴れるようになってきたら、1メートル伸ばす。今まで確実に通せていたパスがずれるから、長い距離を正確に蹴ろうとする。攻撃側と守備側に分かれてパスを回すメニューで、2回までタッチしてよかったのをワンタッチにする。ボールが来た時点で次にパスを出す選手を決めておかなければいけないので、周りの状況をより見るようになる。同じメニューだとしても、新鮮な気持ちで取り組んでくれます。

指導者 なるほど……。

風間 技術的な刺激だけじゃなくても、言葉の刺激でもいい。パス練習を始めて15分ぐらい経ったら子どもたちが飽きてきたとしましょう。そうしたら、こんな声をかけてみる。「おいおい、試合始まってまだ15分しか経ってないのに、もう集中切れてるのか？」「自分たちがボールを持っている試合展開だったらどうする？」といった具合に。必ずしも技術的な刺激だけじゃなくても、そうやって視点を変えることで、練習の質を上げられます。

指導者　反復練習だけでは上手くならないという風潮もありますが、風間さんはどのように考えていますか？

風間　トレーニングの種類がたくさんあれば良いかというと、そうじゃないと思います。指導者からすれば、同じメニューをずっとやるのは勇気と経験がいるんです。我慢しなきゃいけないし、刺激も与えなきゃいけない。

指導者　それだけ技術練習にこだわる理由は何なのでしょうか？

風間　ボールを蹴った回数と技術というのは比例すると思っているからです。自分が子どもの頃なんて、1時間ぐらいずっとインサイド、インステップ、アウトサイドとキック練習をひたすらやっていたんです。正直言ってかったるかったですよ。でも、ずっと蹴っているうちに上手くなってくるし、楽しくなってくるんです。

指導者 風間さんの技術は膨大な練習量で身についたんですね。

風間 はい。**どんどんメニューを変えていくのは、次に進んでいるようで何も進んでいないんです。** 止める、蹴るが正確にできなければサッカーはできません。だから、そこのところを徹底的にやらなきゃいけない。誰だって、同じことをやるのは好きじゃない。自分からやればいいけど、やりたがらない。だからやらせるんです。ずっと蹴っていると、必要なことがわかってくる。そうすると、自分からやるようになる。基本練習を全体メニューでやらなくなっても、みんなが自分の時間で蹴っている。そうなれば、こっちが言わなくても、どんどん上手くなっていきます。

まとめ

- **重要なことは「継続」と「刺激」**
- **同じテーマでも同じに感じさせない**
- **視点を変える〝声がけ〟を行う**

風間メソッド18

上手くなりたいと飢えさせる

質問者：**全然勝てないチームを勝たせたいコーチ**

指導者 私が指導しているチームははっきり言って弱小なんです。大会に出ても1回戦負けばかりで……。強くするにはどうしたらいいんでしょうか？

風間 **強くなりたかったら、自分たちが変わるしかありません。**わかりやすいエピソードがあるので紹介します。私がサッカー選手を引退した後、最初に就任したのが桐蔭横浜大学サッカー部でした。サッカー部といっても、同好会から部活動になったばかり。前年度は神奈川県リーグ2部で1勝もできず、ぶっちぎりの最下位。モチベーションは低くて、練習にも人数が集まらないこともありました。ちなみに、前年度の〝最高スコア〟は2–8の負けです。

指導者 最低じゃなくて最高でそれなんですね……。

風間 この状況では、指導者がどんなに働きかけても意味がありません。そこで私が行ったのは1カ月間のチーム練習ボイコットでした。新しいシーズンが始まっても、グラウンドに出ないで、練習をしなかったんです。

指導者 え？ 監督なのに練習しないんですか？

風間 はい。グラウンドの脇にある監督室のところから、選手たちがやっているのを見ている。当然ですが、何人かの選手からは「練習してください」と言われます。でも、私は「お前たちの顔を見たくない」と突き返しました。決してサボりたかったわけではありません(笑)。真の狙いは、選手たちを本気にさせることでした。

指導者 つまり、選手たちがどのくらい本気でサッカーをやりたいかを試したということですか？

風間 そうです。監督がいて、コーチがいれば、選手たちはどうしても受け身になってしまう。〝やらされている〟という気持ちが働くんです。最初から教えるのではなく、あえて練習に餓えた状態にして、選手たちの本気を引き出そうとしたんです。

指導者 なるほど……。

風間 1カ月ほどが経ったタイミングで、監督室に来て「練習をしてください」と言われたので、「わかった」とグラウンドに向かいました。1カ月前とはまったく別のチームになっていて、私から学びたいという気持ちであふれていました。2部練習をするようになっても、誰も文句を言いません。自分からやりたいという姿勢があるので、どんどん上手くなっていきました。

指導者 その後はどうなったんでしょうか？

風間 前年度、神奈川県リーグ2部でダントツの最下位だったのに、2部で全勝優勝して1シーズンで1部昇格を果たしました。

指導者 まるで漫画のような話ですね……。

風間 どんなに監督やコーチが情熱を持っていたとしても、プレーするのは選手だということです。選手に本気でやりたいという気持ちがなければ、同じように練習しても効果は望めません。**技術や戦術よりも、サッカーへの向き合い方を変えるのが先決だと思います。**

指導者　弱いチームは監督がグイグイ引っ張っていかなければいけないと思っていたのですが……。

風間　間違っちゃいけないのが、主役は監督ではなく、選手だということです。子どもたちにとっても、監督にやらされているよりも、自分から主体的にやっている方が楽しいに決まっているじゃないですか。そうやって選手が本気になってくれれば、そこから先は何も言わなくても勝手にやってくれます。

指導者　その方が指導者にとっても楽ですね。

風間　こちらから働きかけてモチベーションを上げさせるのではなく、選手たちが自発的にモチベーションを上げてくれるようにするのが重要です。

まとめ

- **やる気がなければどんな働きかけも無駄**
- **まず変えるべきはサッカーへの向き合い方**
- **主役は監督ではなく選手**

風間メソッド19

基準を作ってあげる

質問者：**選手が話を聞いてくれないコーチ**

指導者 ウチのチームは、子どもたちが私の話を真剣に聞いてくれないのが悩みの種です。ミーティングをしていてもしゃべっていたり、練習メニューの説明をしていても上の空だったり……。

風間 大事なのは、基準を作ってあげることですね。

指導者 基準ですか？

風間 **これはやってもいい、これはやったらダメという基準を示す。**何年か前になるけど、子どものサッカー教室に呼ばれて行った時に、サッカーが始まっているのに友だちとしゃべっている子がいました。どうしたと思う？

指導者「しゃべるのをやめなさい」と注意したんでしょうか？

風間　違う。「しゃべっててていいよ」と言った。その代わり、こっちでは一生懸命サッカーをやりたい子がいるんだから邪魔をするな、向こうに行けと。

指導者　え、そんなに突き放しちゃうんですか？

風間　うん。サッカー教室と言っても、その子がどれぐらいサッカーをやりに来ているかは違う。その時に、どこに基準を作るか。サッカーをやりに来てない子に合わせたら、みんなが楽しくなくなってしまう。だから「サッカーをやりに来てないから向こうに行け。こっちを見てみろ、サッカーをやりたい子がいるんだから」って言う。そうすると空気がガラッと変わる。

指導者　本当に帰っちゃう子はいないんですか？

風間　ほとんどの子は、そこで「サッカーをやりたい」って言います。そうじゃないなら、放っておけばいいと思う。残ったんだったら、「2つだけルールを決める。ちゃんと話を聞いてくれ。サッカーを楽しくやれ」。最初に基準をはっきりと示してあげれば、子どもたちもわかりやすい。

指導者 なるほど……。

風間 まぁ、ルールを説明しているのに、全然違うことをやってしまう子もいる。「話聞いてないな」って思うけれども、そういうのは「おいおい、そうじゃないぞ」って笑いながら教えてあげればいい。子どもたちを管理することが目的じゃないので。

指導者 風間さんが子どもたちに注意するのはどんな時ですか？

風間 一生懸命やっている子に対して、バカにするような態度を取った選手には怒ります。例えば、リフティングが１００回できる子が、10回しかできない子をバカにするとか。

指導者 確かに、子どもの世界だと、そういうのはよくあります。できる子が、できない子を見下すというか……。

風間 そこも基準を作ってあげることが大事です。同じぐらい一生懸命やっていたとしても、上手くできる子と上手くできない子っていうのは当然出てくる。そこで人と比べるような雰囲気があると、チーム内での上下関係が生まれてしまう。「誰かより上手くなることが目的なんじゃない。自分が頑張っているかどうかが大事」というメッセージを発してあげる。

指導者 風間さんがよく言う、「自分に矢印を向けさせる」ということですか？

風間 その通りです。**子どもっていうのは、大人をすごくよく見ているし、大人に褒めてもらいたいと思っている。だからこそ、大人が何を見て、何を褒めてあげるかが大事になる。**上手くできる子だけを褒めていれば、子どもにとっては「上手くできること」が基準になってしまう。チーム内のヒエラルキーというのは、指導者が生み出しているところもあると思います。

指導者 気をつけなければ……。

風間 みんなが頑張って、楽しんで家に帰る。それが一番なんだから。

まとめ

- **子どもに選択肢を与える**
- **基準を明確に示す**
- **自分に矢印を向けさせる**

風間メソッド20

「本気」を引き出す

質問者：**問題児に悩まされているコーチ**

指導者　実力はあるけれども素行が良くない、いわゆる〝問題児〟との接し方を教えてもらえないでしょうか？

風間　素行が良くないというのは、具体的には？

指導者　ルールを守れないとか、練習を遅刻するとか、真面目にやらないとか……。

風間　**もしもサッカーに本当は向かいたいのに、何かしらの要因があってできてないんだったら、指導者が対処できることはあると思う。**桐蔭横浜大学の時に、そういう選手がいたんです。仕事があるから常に練習に出られるわけじゃなかったから、コーチに見てもらうことがあったんですが、コーチと喧嘩みたいになって壁を壊して帰ってしまった。

指導者 風間さんはどうしたんですか？

風間 最初は反省文を書いて復帰させたんだけど、また同じことをしたので、その時は「もう辞めて、違う道を考えろ」と言いました。

指導者 突き放したんですね。

風間 ただ、コーチたちには「たぶん、彼はもう1回来るぞ」って話をしていた。サッカーをやりたいって気持ちがあるのはわかっていたから。そうしたら、仙台で合宿をした時に自転車で来たんだ。

指導者 え、横浜から仙台までなんて、何百キロもあるじゃないですか……。

風間 ホテルのロビーに着いたら、彼が正座して待っている。見るに見かねて「どうしたんだ」と聞いたら、「もう1回サッカーをやらせてください」と言ってきた。

指導者 すぐに復帰させたんですか？

風間 そんなはずがないでしょう。2回も問題を起こした選手を、自転車で来たからって1回謝っただけで戻したら、他の選手に示しがつかない。「本気なんです」と言うから、「お前の本気を、すぐには信用できない。本気だって言うのなら、それを見せてくれ」と2つの条件を出した。1カ月間、クラブハウスの掃除を毎日しろ、グラウンドの線の中には入るなと。そうしたら、ちゃんとやりきったんです。

指導者 すごい……。

風間 「グラウンドの線の中に入るな」と言われているものだから、「サッカーをするな」と言われたと勘違いして、最初はずっとボール拾いとかをしていたんです。でも、だんだんと言葉の意味を考え始める。で、しばらくするとグラウンドの外を走ったり、ボールを蹴ったりして、自分でトレーニングをし始めたんです。

指導者 風間さんは本人が気づいてくれるのを狙っていたんですか?

風間 もちろん。**ただ反省させる、ただ雑用をやらせるっていうのでは、何も残らない。**本人が今の状況でどうすればいいかを考えて、解決するための道を見つける。そのためのサポートをするのが指導者の役割だと思います。

指導者 その選手はどうなったのでしょうか?

風間 それまでは、上手くいかないことがあるとふて腐れていたのが、一番頑張るようになったんです。社会人になってからも立派にやってるし、OBのまとめ役もしている。

指導者　サッカーをやめる寸前だった選手が……。

風間　大事なのは、どれだけ選手の本気を引き出してあげられるか。上手くいかない時に物に当たったり、人に当たったりするのは、その選手が弱さを抱えているから。自分の弱さを認められないから、他のところに理由を求める。監督と合わないとか、環境が良くないとか……。でも、それじゃあ伸びていくはずがありません。アプローチは1つじゃありません。だから、一人ひとりを見ながら、どうするかを考えることが必要です。

まとめ

- ・反省させるだけでは何も残らない
- ・本人が気づく仕掛けを用意する
- ・人のせい、物のせいにさせない

風間メソッド21

本当の意味で平等に扱う

質問者：メンバー選びがストレスのコーチ

指導者 小学生のチームで監督をやっているんですが、大会でのメンバー起用に悩んでいます。風間さんが心がけていることは何でしょうか？

風間 選手を平等に扱うことです。

指導者 つまり、全員を同じように試合に出してあげるということですか？

風間 多くの人がそうやって勘違いしてる。でも、そうやって「みんなで楽しもう」とか「全部を均等にしよう」っていうのは本当の意味での平等じゃないと思います。

指導者 それじゃあ、どうすれば平等になるんでしょうか？

風間　シンプルな話です。上手い選手を出せばいい。

指導者　え？　サッカーが上手いかどうかだけで決めるんですか？　実力はなくても頑張ってる子がかわいそうじゃないですか！

風間　ちゃんとサッカーに取り組んで、自分と向き合ってやっているか。それができているんだったら出してあげたい。でも、実力的に通用しないのであれば、試合に出たって面白くないし、もしかしたらサッカーを嫌いになってしまうかもしれない。

指導者　試合に出してあげるのがすべてじゃない？

風間　**大事なのは、その子に合った環境を与えてあげられるか。**例えば、筑波大学の監督だった時は200人ぐらいの部員がいました。その中でトップチームに入れるのは20人ぐらいですが、200人全員に試合ができる場所がありました。チームを分けて、リーグ戦や練習試合に出る。どんなに練習をしても、選手が一番伸びるのは試合です。良いプレーをしていれば引き上げられるし、チーム内での競争も生まれます。1年生の頃は下のチームでやっていた選手が、どんどん自信をつけていってトップに上がったケースもあります。

指導者　風間さんは選手を起用する時に、どんなところを見ているのでしょうか？

風間　ピッチの上で何を見せられるか。そこはフェアに見てあげたい。もし特別に上手い子がいるとして、その子を他の子とまったく同じ扱いにしたら、下の基準に合わせることになりますよね。特別扱いする必要もないけど、あえて大人がストップをかける必要はないと思います。どんどん突き抜けていった方がいい。

指導者〝天才〟と呼ばれた風間さんの言葉なので、すごい説得力があります……。

風間　上手い順に試合に出るのが本当の平等だと思います。だけど、上手い順ってそんなに明確に決まるわけじゃない。人によって見るところも違うし、好みだってある。そうしたらその子たちを競争させてあげてください。例えば、実力がほとんど同じ2人の選手がいたとして、1人をずっとスタメンに固定して、もう1人の選手はずっとサブというのは平等じゃありません。

指導者　上手い選手を出す、実力が同じぐらいなら競争させる。そういうものを明確にすれば選手からの不満は出ないんでしょうか？

風間　人間ですから、自分が試合に出られなければいい気持ちはしません。だから「ふざけるな」という感情が芽生えるのは仕方ないのかなとは思います。

指導者　そういう時は、どんな声をかけてあげるべきですか？

風間 自分で気づくまで待つのが一番です。**人間っていうのは、人から言われて何かをするより、自分が気づいて行動した時の方が、圧倒的に強いんです。**できるだけ先回りはしない方がいいです。

指導者 先回りをしない……。

風間 自分で気づかせてあげるには、大人が我慢することが必要です。不満を持っていそうな選手がいたら、どんな行動を取るかを見守ってください。それが子どもの未来につながります。

まとめ

- **選手のレベルに合った環境を与える**
- **特別に上手い選手は突き抜けさせる**
- **同じレベルの選手は競争させる**

風間メソッド22

子どもの成長の邪魔をしない

質問者：親からのクレームが怖いコーチ

指導者 あの〜。

風間 どうしたんですか？　すごく顔色が悪いですけど。

指導者 サッカーチームの監督をしているんですが、親との付き合いが大変なんです……。「なんでうちの子は出られないんですか？」「うちの子の方が上手いと思うんですけど」っていうのを言ってくる親がいるんです。〝モンスターペアレント〟じゃないですけど、そういう親にどう対処したらいいかを教えてください。

風間 **一番の対処法は「親も指導者と同じなんですよ」っていうのを、しっかり伝え**

てあげることだと思います。指導者は、子どもが伸びるために何をすればいいかを考えて行動しなければいけない。アドバイスをすることもあれば、あえて何も言わないこともある。

指導者 風間さんが今まで教えてきたチームで、親から何か言われたことはありましたか？

風間 桐蔭横浜大学の時に、1年生が入ってきた後の挨拶でお父さん、お母さんに「何でも言ってください」と話したんです。そうしたら、ある選手のお母さんから「なんでウチの子は試合に出られないんですか？」って電話がかかってきました。

指導者 風間さんは何て返したんですか？

風間 「だから出られないんですよ」って。

指導者 えー！　そんなことを言ったら火に油じゃないですか！

風間 大丈夫です。私から言ったのは「サッカーっていうのは勝負の場所ですよ。本人が出たいなら、グラウンドで会った時にどうして直接言わないんですか。もうそこで勝負がついちゃってますよね。もしかしたら、お母さんがいつまでもそうやって代わりにやってあげるから、その子は勝負に出ないのかもしれません」と。

指導者　お母さんはちゃんと聞いてくれたんですか？

風間　はい。それに加えて「うちの大学では、みんなに出られるチャンスがあるんですよ。5段階中の5の実力がなくても3の実力があればいい。だけど、まだまだ本気で向かってきていないし、自分の持っているものを出していない。本気で向かってくれれば、試合にも出られるようになります」と言って電話を切ったんです。じっくりと親子で話したんでしょう。次の日から、その選手は目の色が変わって、自分を出してくるようになって、試合にも出られるようになりました。

指導者　あるJクラブの下部組織では「クラブに預けたら親は介入しないでほしい」と説明していると聞きます。

風間　**大切なのは、子どもの成長を邪魔しないこと。**それは親も指導者も同じです。本来どちらも子どもが成長することを願っているので、敵も味方もありません。両者がしっかりと子どもの意見を尊重して、サッカーに向かわせてあげたいです。

指導者　子どもの成長の邪魔をしない、ですか……。

風間　例えば、いつも練習を見に来ている親がいて、練習が終わったら子どもにガンガン怒っているとします。そうしたら子どもは親の方を見てサッカーをするようになるんです。自分のサッカーじゃなくなってしまう。

指導者　ウチにもそういう親はいます。

風間　指導者は指導者の基準をしっかりと持つことが大事で、必要であれば親にも言ってあげる。この中（グラウンド）には入れませんよ、この中は戦いなんですよっていうことを伝える。普通の社会とは違って、この中では選手は戦わなきゃいけない。どっちが強い、どっちが弱いというのがある。でも弱いからダメだっていうことじゃないよっていうことも、伝えてあげなきゃいけないのは確かだと思います。

まとめ

・親も指導者と同じ
・子どもの意見を尊重する
・指導者が基準をしっかり持つ

風間メソッド23

トラブルがあった時は子どもに任せる

質問者：親との距離感がわからないコーチ

指導者 今、スポーツの世界では「体罰」が問題になっていますけど、風間さんはどう思いますか？

風間 私たちの頃とはだいぶ変わったなと思います。

指導者 風間さんの時代は体罰が当たり前だったんじゃないですか？

風間 昔は私が先生に殴られて帰ったら親に「あんた、何したの！」って言われていました。でも、今は逆で、「先生は、あんたに何をしたの！」と学校に乗り込んで行くわけですよね。

指導者　確かに……。

風間　うちの親なんて、そんな状況でも「先生、もっと厳しくしてください」って言うんだから（笑）。今じゃ考えられないでしょう。もちろん、暴力を肯定はしないけれども、自分の子どもを任せたのであれば、そういうことがあったとしてもすべてを否定するのではなく、どうしてそうなったのかを考えてほしいなと思います。

指導者　私たちのような立場としても、どのぐらいの距離感で子どもと接すればいいのか迷うことがあります。

風間　最初に親と面談してもいいかもしれません。「私たちはこういう方針でやっていきます。そこに対して、こういうことをすると良くないので本気で怒るかもしれません。その時にどうするかは子どもに任せてもらえますか？」ってあらかじめ親に言っておく。

指導者　自分たちに任せてもらうんじゃなくて、「子どもに任せてもらう」？

風間　そうです。もちろんその子が自分の親に言ってもいいし、嫌だったらやめてもいい。**とにかく子どもに任せることが大事なんです。**自分が何をしたいのかを決めるという経験をたくさんしないと、ピッチの上でも自分で決められない選手になってしまう。サッカーをする上で、自分の行動に責任を持つっていうのはすごく大事なことだし、その経験はプロ選手になれなかったとしても必ず役に立ちますから。

指導者 子どもをもっと信頼した方がいいということですか？

風間 そう。伸びない選手を見ていて思うのは、子どもが親離れしていないというより、親が子離れできていないことの方が多いなと。逆に、子どもに任せている親の子は、どんどん伸びていく。

指導者 今はサッカーが習い事っぽくなっているところもあるので、昔よりも親との関係性が強くなっているのかなとも感じます。

風間 そうかもしれません。だからこそ、親とちゃんとコミュニケーションを取ることも大事になると思います。試合に出るとか、試合に出ないとかもそう。試合に出て学ぶこともあるけど、試合に出ないで学ぶこともあるんです。でも、親が「試合に出るのがいいこと」という先入観を持っていると、家の中でもそういう働きかけができない。「なんでコーチは試合に出してくれないんだ」「あの選手よりも自分の方が上手いのに」ってことばかりを考えてしまう。

指導者 親子の関係性が強いからこそ、しっかりとコミュニケーションを取った方がいいと。

風間　はい。親なんだから、自分の子どもがかわいいのは当たり前です。それは決して悪いことじゃない。ただ、社会に出たら理不尽なことはたくさんあるし、その中で勝ち負けもある。大人になるまで親がそういうのをガードしていると、1回つまずいた時に立ち上がれなくなってしまう。**〝かわいい子には旅をさせろ〟と言いますけど、あえて厳しい環境に身を置かせる、自分で考えさせる、どうするかを決めさせるのが大事になる。**そういう考え方をしっかり親と合わせておきましょう。

まとめ

- **最初に親と面談する**
- **子どもを信頼してほしいと伝える**
- **親と考え方を合わせる**

風間メソッド24

指導者は孤立しない方がいい

質問者：指導者ライセンスを取りたいコーチ

指導者 風間さんはS級ライセンスを持っていますが、指導者ライセンスを取るのはどんなメリットがありますか？

風間 一番大きいのは人とつながれること。

指導者 人とつながれる？

風間 指導者ライセンスを取るためには、何日間も講習会があるし、合宿生活もします。当然ですが、密接なつながりができるし、友だちの輪が増える。あそこの地域で何をやってるとか、たくさんの情報を得られるんです。そうすると、孤独じゃなくなる。「あの人も頑張ってる、あの人も頑張ってる」というのが日本全国にできるんです。

指導者　勝手なイメージですけど、風間さんは孤独なんて感じない鉄のハートの持ち主なのかと……。

風間　そんなことないから（笑）。面の皮が厚いから見えないだけで、いろんなことを言われたり、叩かれたりしたら、気持ちが落ち込むこともある。指導者っていうのは、本当に孤独な仕事なんです。「こういうサッカーをしたい」っていうのを言っていた監督が、いつの間にか「何が何でも勝ちたい」ってまるで変わっちゃうのはよくあるでしょう。それは孤独だから。勝てば認めてもらえるから、目に見える結果がほしくなる。

指導者　なるほど……。その気持ちは正直言って、すごくわかります。

風間　だから、**自分の周りにいる指導者たちには「孤立するな」といつも言っています。**たくさんの人と結びついていれば1人で背負わなくていいし、視野が広がる。理想論かもしれないけど、みんなが仲良くなって、みんなが手をつないでいくようになればと思っています。試合が終わった後に、勝ったとしても負けたとしても「あそこが面白い」「あそこは良かった」って、サッカーについて話せたら面白いでしょう。みんながつながっていけば、たくさんの発見が生まれるので。

指導者　ライセンスを通じて、たくさんの指導者仲間を作った方がいいと。

風間　うん。そのぐらい指導者っていうのは大変で、孤独なので。あとは、ライセンスを取るというと、サッカーの教え方を学ぶとか、上のカテゴリーで監督をやるのを目的にしている人が多いし、実際にそれはある。でも、そこで学ぶ内容は一つの基準で、そこからどう自分が作っていくかが本当は最も重要です。

指導者　自分が教えているチームが、そこまでレベルが高くなくても、ライセンスを取りに行った方がいいんでしょうか？

風間　幼稚園の指導者でも、プロの指導者でも、誰かに教えるということをすれば、多くの壁にぶつかる。そんな時に仲間と話をすると自分にもヒントが出てくる。すごく大事なことだと思います。

指導者　風間さんは他の人とは全然違うタイプなので、ライセンス的なものにこだわりがないのかと思っていました。

風間　正直に言うと、自分がライセンスを取る前はそう思っていたところもあります。もちろん、ライセンスを取らなくてもサッカーの仲間はできます。ただ、同じ目的を持った人間同士によって生まれるものというのは、間違いなくあります。

指導者　今でもライセンスの同期とはつながっているんですか？

風間　はい。ただ、勘違いしてほしくないのは、**S級ライセンスだからC級ライセンスの指導者よりも素晴らしいというわけではありません。**教員免許を持っているから、すぐに素晴らしい先生になれるわけじゃないですよね？　そこは別の問題です。ただ、自分がもっと良い指導者になるために、指導者としてやっていくために大事な仲間と、ライセンスを通してつながれるのは確かです。自分にとっても、大きな財産になっています。

まとめ

- **ライセンスで得られるのは「仲間」**
- **仲間と話すことでヒントをもらえる**
- **「上級ライセンス＝良い指導者」ではない**

PART 3

子どもの悩み

ぼくらにも
いろんな悩みがあるんです。
風間さん、相談にのってください！

そんなとき**風間**さんなら…

何かのせいにすることが
一番良くないこと。
迷ったらまずは自分自身に
たずねてみよう。

風間メソッド25

ボールを蹴る環境は自分で作る

質問者：もっとサッカーが上手くなりたい選手

選手　風間さん、僕はもっとサッカーが上手くなりたいと思ってるんですけど、どうすれば上手くなるのか教えてください。

風間　**サッカーが上手くなるためには、もちろん先天的な才能とか、どれだけ努力をしたかっていうのもあるかもしれない。だけど、一番大事なのは、自分自身がどれだけサッカーが好きか。**

選手　風間さんはどんなサッカー少年だったんでしょうか？

風間　面白い話があって、小学校6年生の時に朝から大雨が降っていて試合が中止になったことがあった。母親が中止の連絡をもらったんだけど、その日が4月1日、つまりエイプリルフールだったから、俺に「試合やるって」ってウソを言ったんだ。さすがに大雨だしわかると思ったんだろうけど、俺はすぐにボールを持って出ていっちゃった。もちろんグラウンドに行ったら誰もいなかったんだけど、むしろ独り占めできてラッキーだと思って夕方までひたすら1人でボールを蹴っていた。それ以来、母親はサッカーに関するウソは二度と言わないと決めたらしい(笑)。

選手　すごい。僕なら、親にどうしてウソついたんだ、と問い詰めたかもしれません。風間さんはそうならなかったんですか?

風間　ならない。要は、サッカーがそれぐらい好きだったから。サッカーに限った話じゃないけど、子どもって自分の好きなものにはずっと熱中してるでしょ。その間は周りが何を言っても聞こえないし、自分の世界に完全に入り込んでいる。そうなってしまえば、大雨が降ってようが、親がうるさかろうが、気にならないんじゃないかな。

選手　そこまでサッカーにのめり込める風間さんのような人は、僕の周りで見たことがないです……。

風間　そうかもね。昔に比べると、今はサッカーが好きでも、そこまでのめり込むのは簡単じゃないのかもしれない。まずサッカーをやる環境が限られている。俺が子どもの頃は、学校のグラウンドが解放されていたから、ボールを蹴りたい時に行けば好きなだけ蹴れたけど、今はそうはいかないところも多いだろうから。

選手　はい、僕の学校も夕方以降は鍵がかかって、自由に出入りできないようになっています。

風間　ただ、何かができないっていうのは、裏を返せばチャンスでもある。

選手　どういうことですか？

風間　公園や学校でサッカーをしていると、日が落ちて暗くなってボールが見えなくなる。ナイター照明があったとしても、自分ではつけられない。それでどうしたかというと、家の近所にあった神社に行く。そこにあった公民館は夜でも電気がついていたから、そこで21時ぐらいまでボールを蹴る。普通は怒られるのかもしれないけど、俺があまりにもサッカーが好きだったから、見逃してくれていたんじゃないかな。文句を言われた記憶はほとんどないから。

選手　グラウンドが使えないとか、ボールが見えないとか、簡単に諦めてしまっていました。

風間　**自分が教える選手たちにはいつも言っている。「人のせい、物のせいにするな」と。**何かのせいにすることが一番良くないことだから。サッカーが上手くなりたいという気持ちがあるんだったら、自然と工夫して考えるようになっていく。サッカーも同じでしょ。相手が守りを固めている。自分よりも大きい選手がいる。その時に、どうすればいいか考える。サッカーが上手くなるには、そういうことを積み重ねていくしかないからね。

選手　ありがとうございます。今からボールを蹴ってきます！

まとめ

・**好きなものにのめり込む**
・**不自由な環境はチャンスでもある**
・**人のせい、物のせいにしない**

風間メソッド26

監督の言うことなんて聞くな

質問者：監督に言われたことが気になる選手

選手　風間さん、監督に「こうやれ」って言われると、そればっかり気になってしまってうまくプレーできません……。

風間　そういう時は何のためにサッカーをやってるのかを考えた方がいい。タッチラインを一歩またいでピッチに入った瞬間、どんなプレーをするのかを決めるのは選手だからね。

選手　風間さんは現役時代からそういう考えでやってましたか？

風間　もちろん監督の話は聞いてたよ。サッカーは1人でやるものじゃないからね。でも、何のためにサッカーをやってるのかって言ったら、自分のためだから。監督のためにやるわけじゃない。

選手　そうなんですけど……。

風間　**俺は選手が俺の言うことだけをやってたら怒るから。「何やってるんだよ」って。**

選手　え？　自分の言うことを聞いてるのに怒るんですか？　そんなの矛盾してるじゃないですか！

風間　だって、自分が言ったことしかやらないのを見てても面白くもなんともない。監督が作るのは、選手たちが個性を出すための最低限のルール。言われたことだけやっていたらそれぞれの個性は出てこない。

選手　うちの監督は俺の言った通りにやれ！っていう感じなんです。

風間　自分が言ってないことをやるのを嫌がる監督もいるかもしれない。でもね、結果さえ出れば、監督は何も文句は言わないから。絶対に「それでもいいよ」ってなる。そこを目指せばいい。

選手　もしも失敗したら絶対に怒られると思うんですけど……。

風間　それは自分の責任。監督のロボットみたいになって、それで試合に出られたとしても、面白くないでしょう。

選手　でも、選手からすると試合に出るとか、大会のメンバーに入るっていうのを決めるのは監督じゃないですか。監督の言うことを聞かないと外されちゃうんじゃないかっていう恐怖感はあると思います。

風間　だったらもっと上手くなればいいんだよ。

選手　……。

風間　例えば、日本代表の練習でドリブルで抜いた時に監督から「そんなフェイント、試合で使えないだろ」って言われたんだ。だから次の試合に出た時に、そのフェイントで何人も抜いてアシストをした。で、ゴールが決まったら監督のところに行って、「見ましたか？」って。そこから監督はもう何も言わなくなった。

選手　す、すごい。

風間　だから、そういうこと。ある意味で監督と勝負しているような感じ。

選手　でも、それは風間さんが圧倒的に技術があるからできるのでは？

風間　だったら圧倒的な技術をつければいいじゃん。

選手　どんどん逃げ道がなくなっていくんですが……。

風間 自分が上手くない、自信がないって言うんだったら、上手くなって、自信をつければいい。何かのせいにすることが一番良くないことだから。監督に怒られました。じゃあ怒られないようにしようと思うのか、監督に文句を言わせないぐらい上手くなってやろうって思えるか。そこが良い選手になるか普通の選手になるかの大きな分岐点になるんじゃないかな。

選手 風間さんの話で、ちょっと目が覚めた気がします。

風間 **誰かのためにやるのではなく、自分のためにやればいい。**要は、〝自分のサッカー〟をやろうってことだよ。

まとめ

- **何のためにサッカーをやっているのか考える**
- **結果を出せば監督は何も言わない**
- **自分を貫くための圧倒的な技術をつける**

風間メソッド27

自分のやりたいことを主張しろ

質問者：遠征でお金がかかるのが申し訳ない選手

選手　風間さん、正直言ってうちはあまり裕福な家庭じゃないんです。これからチームで海外遠征があるんですが、お金がかかるので親に「行きたい」となかなか言い出せなくて……。

風間　うちは父親がいない母子家庭だったから、生活は決して楽じゃなかった。だけど、小学生の時は韓国遠征に行かせてもらった。決してポンと出せる金額じゃなかったと思う。それから、中学校の時にオール清水（清水市の選抜チーム）でヨーロッパ遠征に行かせてもらったことはよく覚えている。実は、最初はメンバーから落選したんだ。でも、行けないって人が出たらしくて、ウチに「空きが出たから行かないか」と話が回ってきた。

選手 風間さんはどうしたんですか？

風間 もちろん行きたかったよ。実を言うと、メンバーから落選してホッとした自分もいた。ヨーロッパ遠征には50万ぐらいかかるってことだったし、ウチにそんなお金があるはずないと思っていたから。でも、母親から「行きたいの、行きたくないの、どっちなの」って聞かれて、「本当は行きたい」って答えたら、何日かした後に50万円を用意してくれた。

選手 すごい……。

風間 その50万円を見せられて、数えさせられて「今はお金を出してあげるけど、本当に好きなことをやりたければ、人の金でやらなきゃいけないようになるな」と言われた。20年後ぐらいに、その時の話を聞いたら「この子にはサッカーの才能なんてないし、海外に行くのはこれが最後だと思ってすごい無理をして出した」らしい(笑)。

選手 他の子の環境と比べて、「うらやましいな」と思うことはありませんでしたか？

風間 他の家がうらやましかったっていうのはない。例えば、友だちの家に行くと、ウチでは食べたことのないオシャレなおやつが出てくるんだけど、煮干しをかじってる方がうまいなと思ってた（笑）。

選手　（笑）。当時から「サッカーでお金を稼ぎたい」という気持ちは強かったんですか？

風間　ただただサッカーが好きでやっていたし、当時なんて今みたいに日本にプロがあったわけじゃないから。だから、**自分が考えていたのは、どうすれば世界一の選手になれるかってこと。**お金を稼ぐとか、プロになって親を楽にさせてあげたいとか、そういうのはなかった。

選手　そうだったんですね……。

風間　とにかく熱中してやっていればいいと思う。この子は本当にサッカーが好きなんだな、本気でやりたいんだなっていうのがあれば、親は何とかしてあげたいと思うもの。もちろん、家庭の事情はあるかもしれないし、どうしてもサポートできないことも出てくるかもしれない。でも、それだけ熱中していれば、海外遠征に行けなかったとしても上手くなれる。ボールを蹴った時間はウソをつかないから。

選手　確かに、海外のスター選手も厳しい環境をバネにして這い上がったっていう話をよく聞きます。

風間 **サッカーに限らず、自分が一番好きだっていうものを突き詰めていけば、将来の選択肢は広がるはずだから。**学費免除でいいからウチに来てくれって言われるかもしれないし、高校生でプロ契約ができるかもしれない。裕福な家庭じゃないから、サッカーで上を目指せないってことはない。

まとめ

- 本気であれば親は何とかしてあげたいと思うもの
- ボールを蹴った時間はウソをつかない
- 家庭環境を言い訳にしない

風間メソッド28

サッカーはやめてもいい

質問者：監督から嫌われている気がする選手

選手　僕、監督から嫌われている気がするんです。試合にもあまり出してもらえないし、うまくコミュニケーションが取れなくて辛いです。どうすればいいと思いますか？

風間　辛いなら、やめちゃってもいいんじゃないかな？

選手　え？

風間　サッカーは義務でやるものじゃない。監督と合わなくて、自分が楽しめないんだったら、やめるっていうのも1つの選択肢だと思う。

選手　風間さんのことなので、てっきり実力をつければいいと言われるものなのかと……。

風間　それはそう。どんなに監督と性格が合わなくたって、すごい実力があったら試合に出られる。今の自分にはそこまでの実力がないということでしょう。ただ、**自分がどんな環境でサッカーをするかは、自分で決めるべきだと思うから。**

選手　自分で決める？

風間　うん。グラウンドっていうのは職員室じゃないからね。

選手　ど、どういうことですか？

風間　職員室っていうのは、先生に説教されたり基本的に嫌な思いをするために行くところでしょ（笑）。グラウンドはそうじゃない。自分にとって一番楽しいところだし、自由になれる場所、いわば〝自分の聖地〟だから。

選手　多少辛かったとしても、同じ場所で頑張った方がいいんじゃないですか？

風間　一般的にはそういう考え方もあるかもしれないけど、俺は全然そうは思わない。一番大事なのは、何が好きなのかってこと。

選手　何が好きなのか……ですか？

風間　胸に手を当てて聞いてみたらいい。サッカーが好きなのか、チームが好きなのか、監督が好きなのか。そうやって自分と向き合えば結論は出てくるんじゃないかな。その環境の中でも自分が楽しめるんだったら、どんどんやっていけばいい。辛ければ、やめればいい。やめちゃいけないものじゃないんだから。

選手　なるほど……。

風間　**楽しめるっていうのは、自分に向いているっていうことだと思う。**夢中になってボールを蹴り続けられるっていうのは1つの才能だし、そういうものであれば多少のことは乗り越えられる。俺なんて、最初はリフティング10回もできなかったんだもん。

選手　意外です。小さい頃から天才少年だったんじゃないんですか？

風間　残念ながら、そうじゃない。ただ、サッカーが好きだったし、ボールを蹴るのが楽しかったから誰よりもやって、だんだんうまくなってきたというだけ。

選手　遊びの延長上ということですか？

風間　うん。どの世界でもトップに行く人ってそうなんじゃないかな。人と比べてどうとか、周りから評価されるかとか、そんなことを考えていない。

選手　風間さんみたいに上手くなくてもサッカーは楽しめるものでしょうか？

風間　サッカーの楽しみ方は人それぞれ。足が速いなら足が速いで楽しめるし、足が遅ければ遅いで楽しめる。それがサッカーだと思うから。自分なりの楽しみ方を見つけられれば、監督と合わないことだって気にならなくなるかもしれない。

選手 ちなみに、風間さんは今のような、人に教える仕事は好きなんですか？

風間 人に教えることに最初から興味があったわけじゃないし、好きか嫌いかでいうと別に好きではない。ただ、この中でも常に、楽しいことを見つけることはできているよ。

まとめ

・自分が楽しいと思える場所でやる
・やめたかったらやめてもいい
・サッカーの楽しみ方は人それぞれ

風間メソッド29

〝2人の自分〟を作れ

質問者：大事な試合で緊張しちゃう選手

選手　大事な試合になると、すごく緊張してしまって、ミスをしてしまうんです。緊張せずにプレーできるようになりたいんですが……。

風間　みんな勘違いしてるけど、緊張するっていうのは、いいことだから。

選手　え？　緊張がいいことって、そんなわけないじゃないですか！　普段はできてることができなくなっちゃうんですから！

風間　昔、森保一監督（現日本代表監督）がまだ10代でマツダ（サンフレッチェ広島の前身チーム）に入ってきた時に、次の試合で初めてスタメンになるということがあった。

前日の宿舎で同部屋だった森保は、トレーナーから「緊張してるなら八宏に教えてもらえ」と言われて部屋に戻って来た。「すごく緊張してます」って言うから、森保に「良かったな」って言ったんだ。緊張してるんだったら、もう寝るだけだって。俺は今から緊張させなきゃいけないからって。

選手　わざと緊張させるんですか？

風間　そう。**自分の中には2人いると思っている。〝普通の自分〟と〝グラウンドの中の自分〟。**緊張させないと〝グラウンドの中の自分〟は出てこない。昔は試合になったら自然と緊張していたんだけど、だんだん緊張しなくなってくる。だから、わざと緊張させる。

選手　良いプレーをするために、適度な緊張は必要ということですか？

風間　緊張は必要なもの。それは仕事も同じこと。緊張しなかったら、足をすくわれる。だから、大事な時には必ず緊張させるようにしている。自然に緊張できるっていうのは、俺からしたらうらやましいことだよ。

選手　緊張するのは良くないことだと思い込んでいたんですが……。

風間　どうして緊張するのかというと、どれだけできるだろうという期待と、上手くいかなかったらどうしようという不安、その両方があるから。不安のまったくない状態っていうのは、人間が集中するためにはむしろ良くない。だから、緊張する自分を否定しなくていい。

選手　風間さんの中で、サッカーをする時の理想的な心理状態というのはあるんでしょうか？

風間　人間が高い集中力を発揮するためには、不安が2割ぐらいある状態がちょうどいい。あとは目的を達成したいという気持ちと、楽しもうとしている気持ちが半々ぐらい。目的を達成するが4、楽しもうが4、不安が2、この〝4－4－2〟が集中力の黄金比率だと思っている。

選手　〝4－4－2〟って、サッカーのシステムみたいですね（笑）。

風間　人間のパフォーマンスっていうのは、メンタル面の影響がすごく強い。**不安が大き過ぎてもダメだし、不安がなさ過ぎてもダメ。**だから、自分でメンタルをコントロールできるようになることが大事になる。例えば、消極的なパスを出してミスをする選手というのは、不安の割合が大きくなり過ぎているのかもしれない。

選手　大事な試合の前に寝つけなくなってしまう時は、どうすればいいでしょうか？

風間 その時は、〝普通の自分〟が〝グラウンドの中の自分〟に話しかければいいかもしれない。ちょっと待て、大事なのは明日だよって。2つの人格をうまく分けることで、客観的に自分の状態を見られるようになる。

選手 ありがとうございます。今度そのやり方を試してみます。

風間 ただ、こういうメンタルのコントロール方法とか、ちょうどいいバランスっていうのは人それぞれだから、自分に合った方法を見つけていってほしい。

まとめ

- 緊張は悪いことじゃない
- 集中力の黄金比率は〝4－4－2〟
- ちょうどいいバランスを見つける

風間メソッド30

一番出られなさそうなところを選ぶ

質問者：進路に迷っている選手

選手　もうすぐ進路を決めなければいけないのですが、どうするべきか迷っています。自分が試合に出られそうなチームに行くのか、あるいは強豪チームのセレクションを受けるべきか……。

風間　初めて自分で進路を選択したのは中学から高校に上がる時で、清商（清水市立商業高校／現清水桜が丘高校）に行くことにした。

選手　何が決め手になったんですか？

風間　試合に一番出られそうにないなと思ったから。

選手　え？　試合に出られそうにないところをわざわざ選んだんですか？

風間　うん。次の3年生になる人たちと清水市の選抜チームでやった時に、上手いなと思ったんだ。これは清商に行ったら3年生になるまで出られないな……じゃあ行こう、と。

選手　強いチームに行きたかったんですか？

風間　単純に、上手い人たちの中でやったら面白そうだなって。あと、出られなさそうなところに行って、そこで出られるようになれば、それだけ自分が上手くなってるってことだから。

選手　すごいポジティブ……。もしも出られなかったら「別の高校に行けば良かった」と思うんじゃないですか？

風間　ずっと出られないと思っていたわけじゃない。**今すぐ出られないってことは、自分が乗り越える山がたくさんあるということ。**今の力では出られなくても、自分がちゃんとやれば出られるようになるだろうなという確信はあったから。

選手　自分が上手くなればいいと？

風間　そう。現時点で出られそうなところを選ぶってことは、自分の未来を信じられていないということ。俺からすれば、すぐに出られる、最初からエースになれるようなチームに行ってもつまらない。何個か選択肢があるとしたら、一番難しいところを選んだ方が面白い。大学を出た後に日本リーグじゃなくてドイツに行ったのも、それが一番難しそうだったから。

選手　何かの本に「どっちの道に進むか迷った時は、困難な方を選べ」と書いてあったのを覚えています。

風間　だって、その方が楽じゃん。

選手　え、どこが楽なんですか？　難しい方を選ぶんだから、そっちの方が大変に決まってるじゃないですか！

風間　だって、自分が出られないところに行けば、自分より上手い選手っていう目標がちゃんとある。でも、最初からエースになれるってところだったら、何をしたらいいのか迷っちゃう。

選手　あ、確かに……。

風間　**若い頃は、どんどん挑戦していった方がいいんじゃないかな。**ただ、それは俺の考え方であって、誰かに強制するものでもない。それにプロになれば、また話も変わってくるから。

選手　プロは試合に出られるチームに行った方がいいんですか？

風間　そこはケースバイケース。プロは生活がかかっているから、試合にずっと出られなければクビになることもある。そのチームの状況もあるし、監督の戦術に合う、合わないというのもある。実力はあるけど試合に出られなくて、「他のチームに行きたい」と言われて送り出した選手だって何人もいる。最終的にはその選択肢を〝正解〟にできるかどうかは自分次第だと思う。

まとめ

・すぐに出られるところはつまらない
・困難な道とは自分の未来を信じること
・難しい方を選んだ方が楽

風間メソッド31

言葉が通じないのは面白い

質問者：海外遠征に行きたいと思っている選手

選手　風間さんは現役時代にドイツでプレーされていましたけど、海外に行って良かったと思いますか？

風間　うん、すごく良かったね。何が良かったかというと、いろんなものを見られたこと、触れられたこと。日本にずっといると「これが世界のすべてだ」と勘違いしてしまうかもしれない。でも、海外に行けば自分が見てきたものはほんの一部だってことに気づかされる。

選手　ドイツではどんなことに気づかされたんですか？

風間　強烈に覚えているのが、近所の小学校の子どもたちに教えに行った時に、チーム分けをした時のこと。ゲームをやるから「好きなポジションをやっていいぞ」と言ったんだ。日本だと、自分の実力と仲間の実力を考えて、何となくバランス良く決まることが多い。だけど、ドイツの子どもたちはフォワードとゴールキーパーをみんながやりたがる。フリーキックを蹴るとなれば、全員がボールに群がってくる。

選手　とんでもなく自己主張が強い……。

風間　日本だと、練習では怪我をさせないようにプレーするのが暗黙の了解になっている。だけど、ドイツでは練習から試合と同じように激しく来る。大きな怪我をしてから練習に復帰した時でもお構いなし(笑)。ドイツ人たちの当たりをどうやってかわすかを考えるのも楽しかったな。

選手　何歳ぐらいのタイミングで海外に行くのがいいのでしょうか?

風間　お金もかかる話だから、「絶対に行った方がいい」とは言えないけど、行けるチャンスがあるんだったら行って損はないと思う。しかも、ある程度早い方がいい。小学生とか、中学生とか。子どものうちは頭が柔らかいし、いい意味で知らないことが多い。大人になると、どうしても先入観や思い込みが出てくるから。

選手　なるほど……。

風間　1つ言っておきたいのは、海外に行ったから必ず上手くなるわけじゃないってこと。だけど、**子どもの頃に日本とは異なる国の人種、文化、景色に触れるのは、すごく価値があると思う。**サッカー選手になることだけが人生においてのゴールじゃない。大人になった時に、サッカーを通じて世界を見たことが、何かの役に立つ時がくるんじゃないかな。

選手　でも、言葉ができないので不安です……。

風間　言葉が通じないっていうのはいいことじゃん。

選手　え、どういうことですか？

風間　俺がドイツに行った時も最初はドイツ語をまったく話せなかった。日本に住んでいて、日本語でしゃべるのが当たり前だと、ストレスはほとんどないでしょう。でも、言葉が通じないと、どうやって自分の気持ちを相手に伝えるのかを考えなきゃいけない。**言葉が通じない世界っていう面白さもある。**1年目はドイツ語も全然勉強しなかったし、ドイツの文化も理解しようとしなかった。そういうのって見ていればわかっちゃうし、チーム内で孤立した時期もあった。2年目に「ドイツの住民になろう」と考え方を変えて、自分から向かっていくようにした。そうすると、みんなが1人の仲間として認めてくれるようになった。

選手 ちょっと迷っていたんですけど、勇気を出して行ってみようかなと思います！

風間 最後は自分で決めればいいよ。俺がドイツで何を学んだかというと「自分」。自分がどんな人間なのかっていうのが、自分と異なる人たちの中にいることによって、すごく浮き彫りになってくる。それが自分と向き合うということだし、できるだけ若いうちにそういう経験をしておいた方がいい。小さい頃の思い出ってやっぱり忘れないし、それがいつのまにか自分の軸になっていることもあるから。

まとめ

- **海外遠征に行くなら早い方がいい**
- **サッカーが必ず上手くなるわけではない**
- **海外では「自分」が浮き彫りになる**

風間メソッド32

プロになりたいと思うな

質問者：プロになりたいと思っている選手

選手　将来はプロサッカー選手になりたいと真剣に思っています。プロになる上で必要な心構えがあったら教えてください。

風間　「プロになりたい」って思わないことだろうな。

選手　え？　どういうことですか？　プロになりたいのに、プロになりたいと思わない方がいい？

風間　プロになりたいと思ってる選手と、世界で一番上手くなりたいと思ってる選手が2人いるとする。どちらが上に行けると思う？

選手 うーん……。

風間 もちろん正解は1つじゃない。ただ、**プロになるのを目標にしていたら、それはプロになった瞬間に達成されたことになっちゃう。**世界で一番上手くなることを目標にしていれば、プロになるのも1つの通過点でしかない。

選手 でも、世界で一番上手くなるっていうのは漠然とし過ぎているような……。

風間 世界で一番の選手になりたいんだったら、目の前にいる一人ひとりのライバルを超えていく必要がある。最初は近所の上手い子に勝つ。隣の小学校の上手い子に勝つ、選抜チームで上手い子に勝つ。自分が今いる場所で一番になっていかないと、世界で一番にはたどり着かない。

選手 プロになることを目標にするのはダメなんでしょうか？

風間 プロになることで、サッカーに集中できる環境を手に入れて、レベルの高い人の中でプレーして、自分を高めていきやすくなる。そこまでイメージできているのならいい。でも、なんとなく「プロになりたい」と言っていると、ふわっとしてしまう。

選手 そうかもしれません……。

風間 目標の立て方っていうのは自分で考えればいいいと思う。どこまでに、どのぐらいまで行きたいのか。どんな選手になりたくて、何をしなければいけないのか。そういうものを一つひとつ具体的に描いていく。それによって1日1日の過ごし方が変わってくるから。

選手　風間さんはたくさんの選手を教えられていますが、伸びる選手の共通点があれば教えてください。

風間　**まったく同じ練習をしていたとしても「練習場でやっている」意識の選手と「満員のスタジアムでやっている」意識の選手では、成長スピードが違ってくる。**満員のスタジアムでのプレーをイメージできている選手は、試合と同じような集中力を持っているし、自分のミスにもシビアに向き合うから、どんどん上手くなっていく。

選手　あとは、例えば「メッシみたいになりたい」と憧れの選手を目指すのはどうなんでしょうか？

風間　何をバカなことを言ってるんだと言われるかもしれないけど、自分の中で持っているのはいいと思う。ただ、俺は高校3年生の時に日本で開催されたワールドユースで、アルゼンチン代表のディエゴ・マラドーナを見た時に、初めて「この選手にはかなわない」と思った。それぐらい衝撃的だった。小柄なんだけど、スピードもあるし、パワーもあるし、テクニックもある。それを見た時に海外に行かなきゃ話にならないなと。

選手 本当にすごかったんですね……。

風間 マラドーナは20歳の時点で世界一の選手だったと思うんだけど、そういう選手を生で見て、世界一がどのぐらいなのかを計れたのはラッキーだった。マラドーナをあのタイミングで見ていなければ、技術へのこだわりは薄れていたかもしれない。あのワールドユースが俺のサッカー観に大きな影響を与えたのは間違いない。

まとめ

- 目の前のライバルを一つひとつ超えていく
- 具体的な目標を立てる
- 練習でも満員のスタジアムをイメージする

風間メソッド33

サッカーにポジションはない

質問者：好きなポジションができない選手

選手　自分がやりたくないポジションで起用されることが多いんです。本当はフォワードをやりたいんですけど……。

風間　ポジションなんて、どこでも同じだから。

選手　え？

風間　フォワードじゃないから攻められない。中央じゃないからボールに触れない。そういう風に思っている人は多い。でも、サッカーは野球のように4番・ファーストとか完全に役割が決まっているわけじゃないでしょ？

選手　それはそうなんですけど……。

風間　自分の好きなポジションができないというのは、一番上手い選手じゃないということ。**一番上手い選手になれれば、自分の好きなポジションができる。**自分が上手くいかないのをポジションのせいにするのは、自分と向き合わずに逃げてるんじゃないかな。

選手　でも、風間さんは昔から上手くて、花形ポジションばかりやってきたから、そういう風に言えるんじゃないですか？

風間　そんなことはないよ。ゴールキーパー以外のポジションはやったことあるから。ドイツ時代に5回センターバックで出たけど、4回マン・オブ・ザ・マッチになってる。

選手　風間さんがセンターバックをやるって、どんなプレーをするのかまったくイメージがわかないんですけど……。

風間　もともと、小学校までセンターバックで、中学ではサイドバックだったから。

選手　え？　ずっとゲームメイカーだったんじゃないんですか？

風間　全然違う。センターバックでもサイドバックでも試合の主役になれる。自分がボールを持った時に何をするかが一番大事で、ポジションが守備的だからといって諦める必要はない。

選手　どうやってプレーしていたんですか？

風間　攻撃を組み立てる時は最終ラインから始まるし、プレッシャーもそんなに来ないから余裕を持ってボールに触れる。普通だったら前の選手につないで終わりかもしれないけど、俺はどんどん上がって攻撃に絡んでいく。後ろから上がっていけば、マークにつかれていないから点を取りやすい。

選手　す、すごい……。

風間　**どこであっても一番ボールを触ればいいし、自分の武器を出せばいい。**サッカーの何が楽しいかって言うと、1つのところに留まっていなくてもいいこと。サッカーぐらい自由度が高いスポーツはあまりないんだから、ポジションに必要以上にとらわれるのはもったいない。

選手　風間さんはフォワードの選手をサイドバックで起用したり、ボランチの選手をフォワードで起用したりするじゃないですか？　どういう役割を求めているんでしょうか？

風間　例えば、すぐボールを失ってしまったり、相手がボールをずっと持っているなら別だけど、自分たちがボールを失わない自信があれば、ポジションありきで考える必要はなくなる。

選手　ポジションがなくなる？

風間　センターバックの選手が攻撃参加することもあるし、サイドバックの選手が真ん中でゲームを作ることもある。チームの中に個々の役割があるのではなく、個々が100%を発揮することでチームになる。そういう方が選手も面白いでしょう。頭の中を変えてみたら見える景色も変わってくるんじゃないかな。

選手　はい。自分に与えられたポジションの中で、そのポジションにとらわれ過ぎずに、自分のプレーを出していけるように頑張ります！

まとめ

- **上手くいかないのをポジションのせいにしない**
- **自分のプレーはピッチのどこにいてもできる**
- **サッカーは自由度が高いスポーツ**

風間メソッド34

チームのことなんて考えるな

質問者：キャプテンの責任を感じている選手

選手　今、僕はチームでキャプテンを任されているんですけど、どうすればチームが円滑に回るか悩んでいます。アドバイスをいただけないでしょうか？

風間　チームのことなんて考えなくていい。

選手　え……。僕がどれだけチームのことで頭を悩ませていると思ってるんですか！

風間　それが良くない。**自分がチームを背負うような立場になると、「チームのために」とか「みんなのために」という気持ちが強くなり過ぎてしまう。**

選手　それは仕方がないんじゃないですか？　チームのために働くのがキャプテンや中

心選手に求められる役割なんですから。

風間　中心選手やキャプテンが、自分よりもチームのことを優先すると何が起きるか。自分が持っている力を100％発揮せず、50％ぐらいでプレーしようとする。キャプテンになる前となった後だったら、どちらが自分らしいプレーをできていますか？

選手　うっ……。正直言って、キャプテンになってからは自分のプレーにそこまでこだわれていません……。

風間　サッカーをやっているんだったら、自分が上手くなることに、とことんこだわってほしい。プロであっても学生であっても同じ。チームでトップレベルの実力を持っている選手が、自分の天井を勝手に決めたり、実力をセーブしようとしたりするのは、チームにとってマイナスになるからね。

選手　風間さんから見たらチームをまとめる役割は必要ないということでしょうか？

風間　そもそも〝まとまる〟っていう発想がないから。

選手　どういうことですか？

風間　**〝チームのためにやろう〟という11人よりも、〝自分がチームを勝たせてやる〟っていう11人がいる方が、チームは大きなものになる。**突出して上手い選手がいれば、他の選手たちのレベルも引き上げられる。でも、チームのためというのが優先されると、どうしても下のレベルに合わせざるを得ない。それだったら、まとまるのは早いけれども、チームとしては大きくなっていかない。

選手　風間監督は、どうして個人が上手くなることにそこまでこだわるんでしょう？

風間　現役時代、サンフレッチェ広島でキャプテンだった時にスチュワート・バクスター監督から「他の選手に合わせて力をセーブしてほしい」と言われて、それに沿ってプレーしてJリーグで優勝した。だけど、個人的にはつまらなかったんだ。自由にやれるのがサッカーなのに、自由にできないんだから。自分が監督になったら、選手には自分の責任のもとで自由にやってほしいし、選手たちが楽しんでプレーするところを見たいと思った。

選手　そうだったんですか……。

風間　桐蔭横浜大学の時も、何個かのパターンを教えたら勝ち始めた。だけど、そんなサッカーを見ていても面白くない。パターンを読まれたら止められてしまうし、それ以上は強くなっていかない。だから、パターンを教えるのをやめた。

選手　え、結果が出ているものをわざわざ変えたんですか？

風間 うん。パターンがあると選手たちは安心してしまう。それさえやっていれば、上手くいかなくてもチームの責任にできる。でも、パターンがなければ、自分の責任でプレーしなければいけない。どんどん変化していくから、相手としても何をやってくるのか読めない。

選手 選手が上手くなった分だけ、チームが強くなるということですか？

風間 そう。だから、チームと向き合うんじゃなくて、自分と向き合って、上手くなることにこだわってほしい。

まとめ

- **「チームのために」は力が半減する**
- **パターンで強くなってもそれ以上はない**
- **個人が上手くなればチームも強くなる**

風間メソッド35

ボールを完全に止める

質問者：ボールをすぐに失ってしまう選手

選手　ボールを持った時に相手に寄せられると、すぐにミスしてしまうんです……。どうすればいいでしょうか？

風間　まずチェックしたいのは、ボールがちゃんと止まっているか。

選手　え？　普通にトラップしているとは思うんですけど……。

風間　ほとんどの選手は、ボールを止めているつもりでも、本当に止まっていない。止めるというのは文字通り、「ボールが静止している状態」のこと。ちょっとでも動いていれば、それは止まっていることにはならない。

選手　どうすれば、ピタッとボールを止められるようになるんでしょう？
風間　ボールの〝スイッチ〟を押す。
選手　スイッチ？　どこにそんなのあるんですか？
風間　具体的に言えば、ボールの中心よりも、ちょっと上の点。そこに足を当てれば、どんなに速いボールでも止まる。足と地面でボールを挟み込むようなイメージだな。ただ、本当に挟み込んでしまうと、次にボールを蹴りづらくなる。ボールを止めた後、素早く蹴るためには自分が蹴りやすいポイントにボールを止めないといけない。
選手　足のどこに当てれば止まりやすいんですか？
風間　足の形というのは100人いれば100通りある。だから、「ここ」というのは自分で見つけるしかない。ザックリとしたイメージは、親指の下の出っ張っているところ。
選手　そんなに小さい点なんですね……。
風間　多くの人はトラップをする時に足の「面」に当てようとする。ただ、実際には足の面というのは平らじゃないので安定感がない。「面」のどこに当たるかによって微妙にずれてしまう。だから、親指の下の出っ張りという「点」で当てることが大事になる。

ほとんどの人は最初に「点」を見つけろと言ってもわからない。そこまでこだわる必要があるのかと言われる。ちょっとくらい動いていたって問題ないじゃないかと。

選手　ボールを止めることで何が変わるんですか？

風間　ボールを自分が思ったところに本当にピタッと止めることができれば、相手は簡単に近寄れなくなる。そして時間の余裕ができる。味方もいつ動けばいいかわかりやすくなるから、余計に相手のプレッシャーは薄くなる。

選手　僕はボールが止まっていないから、大きなプレッシャーを感じてしまっていたんですね。

風間　要するに、相手を寄せさせてあげているんだよ。それで相手が寄せてくるから、何かしなければいけないというリアクションの対応になってしまう。

選手　確かに、自分がディフェンスの時は相手がボールを正確に止めたら飛び込めないです。

風間　ボールを持っていれば相手を操る権利があるのに、ボールをしっかり扱えないと相手に操られてしまうんだよ。

選手　対面パスなどの基本練習からちゃんとやろうと思います……。

風間 俺からすると、対面パスっていうのは基本練習じゃない。だって、ボールを止める、それ自体がある意味で戦術になるんだから。**もしも11人が完璧にボールを止められれば、最短時間で蹴ることができるようになって、プレースピードが上がる。**これはサッカーの真理だし、この先50年でどんなに進化しても変わらないもの。宇宙人がサッカーをやるなら別だけども（笑）。

まとめ

- **ボールの〃スイッチ〃を押す**
- **ボールを止めることで相手を操る**
- **対面パスは基本練習じゃない**

風間メソッド36

シュートは打つまでに〝2つ〟を決める

質問者：シュートが決まらない選手

選手　フォワードをやっているのですが、シュートが決まらないんです。どうやったらシュートが上手くなるのか教えてください。

風間　シュートっていうのは打つまでに2つ決めなければいけないことがある。まず、どこに打つかを決める。次に、どう打つかを決める。その2つを決めるのが早い選手は、正確なシュートを打てるし、決まる確率も上がる。

選手　「どこに打つか」と「どう打つか」ですか。

風間　シュートの話になると、みんなコースを狙えとかって話をするでしょ？

選手　はい、監督やコーチからは「コースを意識しろ」と言われます。

風間　**コースはもちろん大事だけれど、実はみんなが見逃している大事なポイントは「高さ」**。ゴールキーパーにとって一番止めやすいのは、膝から肩ぐらいのところに来るボールなんだ。そこに蹴ったら、どんなにいいシュートを打ったとしても止められる可能性が高い。

選手　どのぐらいの高さを狙えば決まりやすくなるんでしょう？

風間　狙う場所としてはゴールの4隅で、優先順位としては低いところを狙う。シュートコースに相手がいるとかで、低いコースがなければ上隅を狙う。ゴールキーパーは立った状態からセーブするから、低いボールの方が反応しづらい。低いシュートだったら、コースが多少甘くても決まりやすい。

選手　シュートを打つ直前までゴールキーパーの動きを見た方がいいのでしょうか？

風間　ゴールキーパーを見ようとする必要はない。まず見るのはゴールの4隅のどこが空いているか。4隅のどこかが空いているなら、その瞬間に打てば決まる。コースを見て、ゴールキーパーを見てとやっていると、シュートを打つタイミングが遅れるので、決まる確率も下がっていく。

選手　「どこに打つか」を決めるタイミングはシュートを打つ直前ですか？

風間　例えば、相手を背負ってパスを受けたとする。この時、ターンしてからシュートを打つとしたら、「どこに打つか」はボールを受けたタイミングで決めておく。つまり、シュートを打つ前はゴールを見ない。

選手　え？　シュートを打つ前にゴールを見ないんですか？

風間　ゴール前でパスを受けて、ゆっくりと顔を上げる時間なんてほとんどない。しかも、顔を上げるということは、「今から蹴るところを探します」と自分から発信しているようなもの。ゴールキーパーにも読まれてしまう。メッシが簡単にシュートを決められるのは、どこを狙っていつ打つのか、ゴールキーパーにはわからないから。そしてそのゴールは正確に4隅をとらえている。

選手　子どものころからトレーニングしておいた方がいいですか？

風間　もちろん。ジュニア年代だったらゴールが大きいから、シュートは決まりやすい。でも、カテゴリーが上がっていくにつれて、ゴールキーパーのレベルも上がっていくし、自由に打たせてもらえなくなる。でも、子どものうちから、そういう風に意識して練習していれば、シュートは上手くなるはず。

選手　なるほど……。

風間　**どこを狙うかを、どれだけ早く決められるか。シュートで一番大事なのはそこ。**

正確に蹴らなければいけないので、キックの技術はもちろん必要だけど、狙う場所を間違えていると決まらない。どこを狙うかを決めるのが早くなれば、キック技術は前と同じだったとしてもシュートは決まりやすくなってくる。

選手　大人になってからでも伸びるものでしょうか？

風間　もちろん。でも、子どものうちに身につけておきたいね。

まとめ

・**GKの腰から肩の高さは止められやすい**
・**「どこに打つか」を早く決める**
・**シュートの直前にゴールは見ない**

おわりに

とても、とても暑い日でした。

2016年8月——。僕は当時、川崎フロンターレを率いていた風間八宏監督にインタビューする機会を得ました。

それまでにも「風間理論」はいろいろな本で読んでいました。フロンターレの試合を見に行ったことも何度もありました。ただ、風間監督に1対1で話を聞くのは初めて。1時間ほどのインタビュー。それは僕にとって〝人生が変わる1時間〟になりました。

そのシーズン、フロンターレはJリーグでダントツの得点数を叩き出していました。たくさんのパスがつながり、個々の技術が融合したサッカーは、誰が見ても魅力的でした。

取材のテーマに設定したのは「なぜ風間フロンターレは引いた相手を崩せるのか？」。守りを固められてもこじ開けられる、攻撃の秘密を探ろうとしたのです。しかし、インタビュー開始わずか3秒で、こちらのテーマは見事に覆されました。

「ウチには『引いている』という認識がないから」

最初は何を言っているのかわかりませんでした。引いているという認識がない？　相手の選手が低い位置で守っているんだから、どう見ても引いているじゃないかと。でも、風間監督のとらえ方は根本から違っていました。

「スペースがないってみんな言うけど、スペースっていうのは必ずある。例えば、ペナルティエリアの幅が40メートルで、そこに10人が立ったとする。それでも、1人で4メートルの幅を守らなきゃいけない。どうやったって完璧には守れるはずがない。相手が引いているからスペースがないと考えるのはおかしい」

目からウロコが落ちるという言葉は、こういう時のためにあるんだなと思いました。それぐらい衝撃的でした。「引いて守っている」とか、「スペースがない」という抽象的な言葉に逃げることで、ピッチの上で実際に起こっている現象を見逃していたことに気づかされました。

風間監督は先入観や思い込みといったものを何よりも嫌います。常識とされていることを疑い、自分の中で解釈し、新しい言葉を生み出す。だから、人とまったく違った物の見方になるのでしょう。

たった1時間で、自分の頭の中にあるサッカー観がどんどん変わっていくような、不思議な感覚を覚えました。

2017年から風間監督は名古屋グランパスの新監督に就任しました。グランパスでも、フロンターレと同じ、ある現象が起こっていました。

ピークを過ぎたと思われたベテラン選手が、再び右肩上がりの成長曲線を描いていく。くすぶっていた若手選手が、自分の殻を破ってブレイクする。「そんな選手だったたっけ？」と言いたくなるぐらい、劇的に上手くなった選手もいました。

どうして、風間監督は選手たちの才能を伸ばせるのだろうか？　技術を徹底的に突き詰めるトレーニングをしているからなのは間違いありません。ただ、それと同じぐらい大事だと感じたのが「言葉の力」でした。

「自分に期待しろ」

「俺を驚かせてみろ」

「チームのことなんて考えるな」

その選手がもともと持っている「上手くなりたい」という気持ちに火をつけて、どんどんポテンシャルを引き出していく。風間監督はそれが天才的に上手い。

もしも自分が子どもの時に、こんな声をかけられていたら、どんな風になっていただろうか。自分の可能性をもっと信じていただろうし、たくさんチャレンジしていたかもしれない。今を生きる、未来に向かう子どもたちに、風間監督の言葉に触れてほしい――。そんな気持ちがどんどん強くなっていきました。

とはいえ、「風間八宏」はこの世に1人しかいません。風間監督の話を聞きたいと思っても、誰もが聞けるわけではない。それならば、親、指導者、子どもたちからの悩みを、僕が代わりに風間監督に聞きに行ったらどうだろうか。そうすれば、本を通じてたくさんの人に届けることができるのではないか。

子どものサッカーを応援しているお父さん、お母さん。子どもたちを上手くしたいと葛藤している指導者。そして、上を目指してボールを追いかけている選手。そうした人からの質問に、風間監督は長い時間をかけて、じっくりと答えてくれました。

最後まで読んでもらった人ならわかると思いますが、この本では〝禅問答〟のようなやりとりが繰り返されています。最初から答えを与えるのではなく、こちらに考えさせる。それこそが風間監督の本当の狙いなのではないでしょうか。

30秒で子どもの未来は変わる――。

これは比喩でもなんでもありません。この本を読んだ親や指導者を通じて、あるいは自分で読んで、風間監督の言葉に触れた子どもたちが、自分にもっと期待して、自分の未来を切り開いていくことを願っています。

最後に、この本を作るにあたって多大なるご協力いただいた風間八宏監督、取材の調整をいただいた名古屋グランパスさん、素敵なイラストを描いてくださった鴨美雪さん、そして良い本にしようと最後の最後まで並走してくださったfootballistaの浅野賀一編集長に心より感謝します。

北健一郎

風間八宏　Yahiro Kazama

1961年10月16日、静岡県生まれ。清水商業高校時代に日本ユース代表として79年のワールドユースに出場。その後、筑波大学在学時に日本代表に選出される。大学卒業後の84年からドイツに渡り、レバークーゼンなどでプレー。89年にマツダ（現・サンフレッチェ広島）へ加入し、95年まで息の長い活躍を続けた。現役引退後は97年から2004年まで桐蔭横浜大学サッカー部を指揮し、清水地域を中心に小学生～高校生を集めた「清水スペシャルトレーニング」も主宰。筑波大学蹴球部、川崎フロンターレの監督を歴任し、2017年より名古屋グランパス監督に就任した。サッカースクール「トラウムトレーニング」の監修を務めるなど、選手の育成にも情熱を注いでいる。

北健一郎　Kenichiro Kita

1982年7月6日生まれ。北海道旭川市出身。日本ジャーナリスト専門学校卒業後、放送作家事務所を経て、フリーライターとしての活動を始める。2005年からサッカー専門誌・ストライカーDXの編集者として働く傍ら、フットサル専門誌・フットサルナビなど各媒体で原稿を執筆。2009年3月、ストライカーDX編集部を離れて独立。現在はサッカー、フットサルを中心に活動中。『なぜボランチはムダなパスを出すのか？』、『サッカーはミスが9割』など著書多数。

30秒で子どもの未来は変わる！

勝手に才能が伸びる風間式 育成メソッド

2019年7月25日 第1刷発行

著者 風間八宏 北健一郎

発行者 利重孝夫
発行所 株式会社ソル・メディア
〒105-0003 東京都港区西新橋2-23-1 3東洋海事ビル 9F
販売 ☎03-6721-5151

イラストレーション 鴨 美雪
ブックデザイン 出村美幸
編集 浅野賀一（footballista）
編集協力 本田好伸、舞野隼大
帯写真 J・LEAGUE

印刷・製本 株式会社シナノパブリッシングプレス

ISBN978-4-905349-39-6

プレー経験ゼロでもできる

実践的ゲームモデルの作り方

脇真一郎

1,500円＋税

サッカー専門誌『footballista』が主催するオンラインサロン『フットボリスタ・ラボ』の書籍化企画第1弾。公立高校の部活動で欧州発の最先端理論である「ゲームモデル型のチーム作り」を実践する著者は、プレー経験ゼロの高校サッカー教師。「どうやってゲームモデルを作成し、どうやって活用すれば良いのか？」――〝同じ立場からの経験談〟を伝える。誰でもできる新しいサッカーへの誘い。

怒鳴るだけのざんねんコーチにならないための

オランダ式サッカー分析

白井裕之

1,500円＋税

オランダで認められた日本人アナリストの初著作！
オランダサッカーには誰でも使える公式があります。同じものを見ても人によって感じ方は違います。サッカーを分析するには共通の基準が必要と合理的なオランダ人は考えました。年齢、性別、国籍、レベルにかかわらない独自の分析メソッドを知りたくないですか？